世纪丹青申石伽

虞心瀚题

東方出版中心

荣誉顾问

徐纯中

顾 问

吴孟庆　周退密　田　遨

策 划

郑于康

名誉主编

申小龙

主 编

许志浩　郑恩德

编 委

郑于方　薛　军

徐建恒　马月龙

封底篆刻

陈华康

申石伽肖像（油画） 徐纯中 画

申石伽画像（胡亚光写照，申石伽补景）

目　录

序一　　龚心瀚 ………………………………………………… 1
序二　　祝君波 ………………………………………………… 5
申石伽自传　　申石伽 …………………………………………… 7

第一辑　画苑君子西泠石伽

世纪丹青——申石伽　　许志浩 ……………………………………3
“十万图”负盛誉的申石伽　　郑逸梅 ……………………………6
周谷城致申石伽的一封信　　周谷城 ………………………………8
一枝大竹通霄汉——西泠石伽与画竹　　费滨海 …………………9
泼我还魂水　依然画竹枝　　王金海 …………………………… 11
画苑知音一面缘——记申石伽和傅抱石的一次会面　费滨海 …… 12
谈申石伽画竹　　郑逸梅 ………………………………………… 14
申石伽与小畹《秋菊图》　　费滨海 …………………………… 15
石伽之德　　陈从周 ……………………………………………… 16
画苑君子申石伽　　王渭山 ……………………………………… 17
福寿书生十闲章　　沈　宽 ……………………………………… 20
幻出风光烂漫秋　　曹志苑 ……………………………………… 21
墨饱心宽自在身　　曹可凡 ……………………………………… 22
六十年前石伽画　　郑于康 ……………………………………… 25
“竹王”申石伽和他儿子　　沈飞德 …………………………… 26
万竿烟雨苍劲中　　朱金晨 ……………………………………… 31
行看北山云　　费滨海 …………………………………………… 34
以法启人忆申老　　汤兆基 ……………………………………… 36
笔墨抒真情　丹青寄傲骨　　耿　石 …………………………… 37
笔墨抒真情　永留人世间　　邵洛羊 …………………………… 38
“西泠石伽书画”观后　　管继平 ……………………………… 39

高风亮节比竹梅　顾咪咪 …… 40
书生本色申石伽　张强辛 …… 41
“西泠石伽”书画今起展出　郑于康 …… 43
西泠石伽：高洁、挚诚　蒋　璐 …… 44
怀念伽兄　朱　泠 …… 46
江山有风竹　郑恩德 …… 47
《西泠石伽书画展》在上海文史馆举行　徐建恒 …… 48
一幅《山居图》结下忘年交　华振鹤 …… 49
《岁朝清供》庆春节 石伽师生留合笔　华振鹤 …… 50
申石伽三画《十万图》　张德宁 …… 51
别出心裁的《岁寒三友图》　张德宁 …… 53
读申石伽《华岳朝晖图》　安　东 …… 54
《西泠石伽题画诗词集》序（一）　王国忠 …… 56
《西泠石伽题画诗词集》序（二）　吴孟庆 …… 58
看画读诗忆石伽——《西泠石伽题画诗词集》序　田　遨 …… 60
诗魂画格两相辉——《西泠石伽书画集》序　洪丕谟 …… 61
西泠石伽题画诗词集引　周退密 …… 64

第二辑 西泠石伽题画诗词

第三辑 西泠石伽丹青选集

附：西泠石伽年表

后记

序一

为了纪念著名书画家、美术教育家和诗人申石伽先生，中国东方出版中心将出版《世纪丹青申石伽》，介绍他一生为艺为教的感人事迹。我久仰石伽大名，却又有些陌生，早在20世纪80年代，我有幸欣赏了他精彩的画作，他的画作和有关他的文章在报刊和电视上偶有所见，知晓他是一位资深的大画家，鉴于他深居简出，为人低调，不让宣传，更不让"炒作"，对于他的创作，教画育人和为人的详细知之甚少。拜读了这本即将赴印的书稿，拜读了申石伽画集和著作，我被他顶天立地的形象深深感动了！

申石伽（1906—2001），浙江杭州人，算和本人是同乡，他3岁诵读四书学习诗词，12岁学习篆隶、刻印和绘画。18岁中学毕业即留校任美术教师并兼课国文，从此长期从事国画创作和美术教育，石伽工画、工书、工诗、工印、山水竹梅各有千秋，享誉画坛，尤其擅长山水和竹。早在1947年出版的《中国美术年鉴》就这样评论他："石伽善画山水和竹，万竿烟雨，苍劲中绕在俊逸之气，功力之深、艺辈之精，时下罕见"。他的画作深为郭沫若、齐白石、傅抱石、叶浅予和陈从周等名家推崇。他的山水画传统功力深厚又不拘成法，古朴而透新意，自成面目，呈现国画艺术的生命力，行家无不服膺。1940年石伽《十万图山水画册》问世，风靡沪上，众人叹为观止。所谓"十万图"即万柳藏春、万壑争流、万峰行旅、万里风涛、万点青莲、万树秋声、万松云起、万竿烟雨、万芦飞雁、万山堆雪共十幅精品山水画作，幅幅传神，所题诗句皆寓意抗战必胜之信念。此册一出，声誉益隆，各界纷纷向他求画、拜师。当年石伽之竹与白石之虾并雄画坛，世称"竹王"和"石伽竹派"。他擅长描绘各种不同气候的竹子，技法变幻丰富，无论是飘逸直立之风竹，苍翠欲滴之雨竹，抑或寒中藏暖之雪竹，冷劲坚挺之晴竹，在他的笔下皆能瞬间活现出来。他画竹又能融进山水之背景，他所画之竹有君子之豪气，真所谓"竹如其人，人为其竹"。他画梅有疏影之姿，暗香之妙，可谓炉火纯青。他会画的六幅梅花通景屏，任你颠倒顺逆，都成通景，都不违画礼，似有一阵阵冷香溢纸而出。

石伽不仅画技精湛，而且擅长书法和诗词，他绘画注重题诗题句，在他近八十年的绘画生涯中，每画必题诗题句。他的书法与他的诗画一样秀逸雅致。画传形，诗言志，书写意，好画题好诗，好字写好诗，画诗书相得益彰，才华横溢。

石伽一生著作甚丰，1926年，由著名摄影家郎静山和著名画家叶浅予创办的中国美术刊行社，早期首先出版了《申石伽山水扇册》。新中国成立后，他集多年教育和绘画之经验编绘了《山水画基础技法》，经历“文革”十年的周折，终于在1979年由上海人民美术出版社出版，几次再版，共发行了二十多万册，又有英译本发行海外。该书收入山水画作136幅，详细介绍山水画勾、皴、点、染等基础技法，使学者对如何用笔一目了然。叶浅予盛赞此书，根据叶浅予的建议，中央美院国画系采用了这本书作为教材。1986年，上海书画出版社出版了石伽的《墨竹析览——墨竹画基础技法》，也成为初学者的入门至宝。1992年，台湾地区皇冠艺文中心举办石伽精品展，同时出版《申石伽作品集》。2001年，上海人民美术出版社出版了《西泠石伽书画集》。这些作品都成为一代又一代国画人才学画研画的珍贵读物。

读罢石伽的作品，内心的钦佩油然而生。再读石伽的人品，一时多有不可思议之处，比如他明明是大画家，他却说“我只是一名教师”；他明明是美术教育家，他却说“我没有学生”；他明明淡泊名利，他又说“名利是个好东西”；他自奉节俭，却又十分热心捐资公益事业。

人家称他是大画家，他摆摆手说：“我不是画家，我只是一名教师”。他认为作画难教育更难；作画乐教画更乐。作画与教画相比，要有更多系统的有关画理、画论、画法、画派的知识和技巧，所以难。他说：“国画创作要繁荣，仅有几个画师是不够的，要努力培养新人，我希望学生超过我，甘为教学终吾生！”教育有利于民族绘画后继有人，所以乐。他从1924年18岁走上教画育人之路起，从学弟子应接不暇，新中国成立后直到1959年，他先后在上海京剧院和上海越剧院培养新一代舞台美术人才。1959年参与筹建上海美术学校，以后就一直在美校执教。他的学生不下三千，得意门生遍及海内外。当下画坛有不少著名画家出自其门下。他教画有教无类，从他学画的有当时文艺界的著名人士，如评弹名家杨振雄，电影名家蒋天流，京剧名家齐淑芳和昆剧名家岳美缇等，工人和解放军战士向他学画的也很多。

石伽是兢兢业业的美术教育家，桃李满天下，他却说“我没有学生”，他的逻辑思维是：“进门跟我学，是弟子门生，出门就是朋友了，谈不上师徒，修行全仗他们自身啊！”他又说：“上课时是师生，走下讲台大家都是朋友了。”他不仅把学生当朋友，把子女也当为朋友。他在子女教育方面也颇有一套。他说：“我从不用物质鼓励孩子，也不在孩子面前讲物质享受，知足常乐嘛！”他对三个儿子从未大声呵斥过，更未严厉打过，他是用自己的一言一行影响他们。他的两个儿媳都曾是他的学生，他的孙子是他的再传弟子，都工书善画。每逢假日，全家相聚一堂，谈艺论画，相互切磋，既叙天伦又长画艺，一门风雅，别有情趣。石伽家里既有父子关系又有师徒情谊，更是相契画友。

石伽一生淡泊，无意于嚣嚣名利，不因已有成绩而固步自封。他晚年足不出户，谢绝应酬，婉拒采访，淡泊明志，不求闻达。他书画创作，上课授徒，画作精湛，数以万计。著作等身，桃李满天下，但他厌恶沽名钓誉，尤其忌惮“被炒”。他的淡泊名利，在画坛中是有口皆碑的，他为美术教育呕心沥血。有的好友同道为之惋惜，劝他以你的名声何不出去画几笔，一次的收入就是你工资的几倍，岂非轻松实惠，何苦致力教学。他不以为然地说："人不能要得太多，为一点小利去搏，不值！"他又说："没有高尚的人品，你画得再好，字写得再神，也为世人所不齿。画画要下功夫，做人更要下功夫。现在有些人稍出了些名，就目空一切，不顾画德，任意涂抹，唯利是图。就是有些老画家也一味追求利润价值，为儿女积攒遗产，降低人格，有损艺术，贻害社会。"他有一段话颇有幽默风趣，他说："名字就是符号，活着是从字典里借来的，去了还给字典。我们活到今天，是托社会主义的福，我们要为书画家争气啊！"石伽的这些话发自肺腑，语重心长，掷地作金石声，铿锵有力，振聋发聩！他还有一段话，让人感受到他的老成大度，他说：我今年九十有三，之所以坚持十二年不出户，谢绝应酬，闭门研画，不卖书画，不置房产，知足常乐，是因为我对名利看得已经透明比较淡。人各有志，各有寄托，不必强求。对名利的看法，也尽可能有多元色彩。"多么可爱可敬的老人家啊！

就是这么一位淡泊名利的石伽又谈过一句，你不曾料到他会说的话。他说的什么话？他说："名利是一样好东西！"岂非不可思议。他的解释是："名利可以成为年轻人奋斗和拼搏的动力。他坦认在20世纪30年代，他对办画展兴趣很浓，他在名利的推动下奋斗和拼搏，终于尝到了成功的满足和喜悦。他同时强调："不过，追求名利不是目的，只是手段而已，一个人到了晚年，名利就会变成拖累和包袱，应该把它抛弃！"诚者斯言！

石伽一生热心公益事业。早在1937年抗战伊始，沪上爱国人士筹备前线将士慰问金，他慨然作画应征捐献。1946年，两度举办书画展，用售画所得于上海威海路创办友声图书馆，又在黄陂路建阅报站，把各省市大报张贴成报廊，给市民百姓在困难动荡之际的文化方面提供方便。新中国成立后，友声图书馆捐给了国家。他与夫人数十年清淡度日。20世纪80年代初期，他还是身居陋室，他的画室大小只有十几平米，除了两只书柜和单人沙发之外，只有三椅一桌，作画用具也残破陈旧，丝毫不像大画家的寓所和画室。要是他想使居室宽物舒适，并非难事，但他坚持甘居陋室，宁愿把稿酬捐作奖学金。1987年，他又举办个人画展，将义卖所得捐赠给上海工艺美术学校建立"申石伽奖学金"，激励学生努力学习。1991年，他精心制作一批画作，义卖所得又一次捐给"申石伽奖学金"增资。

本书内容丰富，可读可圈可点处甚多。我这里介绍的这些内容不说是挂一漏万，也是挂少漏多，书中还有许多记叙石伽画格诗魂和高风亮节的轶事趣词，比如：周恩来总理为什么送钱给他？著名画家齐白石要亲手刻制"申石伽"印章送给他？这个印章为什么30年后才到他手中？著名画家傅抱石为什么来沪会见他？著名画家唐云为什么要书赠楹联给他？他为什么从1938年到1993年之间三画"十万图"？他画的"山居图"为什么失落了58年后又得以重见？他为什么从不画菊？他是怎样敬重自己老师的？

当然，本书也有不足之处，收入本书的近50篇文章都是记叙石伽生平和经历，原本散见在不同时期的近30种书报刊，有些内容有所重复在所难免，但也无妨大雅。记叙文的文笔和文采总体是相当好的，但有些也参差不齐。

在拜读书稿之余，我想我应该感谢郑恩德先生。恩德先生也算是我的文友，他为了弘扬国画艺术，做了不少很有意义的工作。他与石伽在长期的交往中结下了深厚的友情，他是石伽的忘年交，深得石伽的信任，前面提到的《西泠石伽书画集》就是由著名书画家启功题签，郑恩德集藏，并由郑恩德张罗出版的。2001年9月，在石伽谢世三个月后，恩德就在上海策划并举办了《西泠石伽书画展》，2002年3月，恩德又策划到石伽出生地杭州举办了《西泠石伽书画展》，反响都十分热烈，极为轰动。现在，恩德又尽心尽力张罗了申石伽纪念文集的出版，自当受到感谢。当然，我同样感谢东方出版中心的同志们和所有为本书出版效力的同志们。

恩德希望我为本书写序，拜读书稿时，我们的心灵波澜起伏，深为申石伽先生的画品、书品、诗品和人品所感动，也为恩德为弘扬艺术常年日夜奔波所感动。感动之余欣然命笔，写上粗浅感言，与读者诸君交流。

末了，我还想说的是，本书的出版尤其是为了纪念申石伽先生诞辰105周年，不愧是为广大读者提供了一份可观的精神美食。阅读本书，你一定不会失望，不读真有可惜。

中共中央宣传部原副部长
龚心瀚
二零一一年仲夏 琴心斋

了精装的《申石伽作品集》，并举行“申石伽精品展览”。

我年事虽高，对教育事业仍怀一片赤诚之心，主张忝为人师要把学生当挚友，以画会友，鼓励成熟的学生多开画展，交流观摩。1983 年，我的学生联合举办“石门艺苑”画展，颇为有益。1987 年，我举行画展义卖，上海外贸部门出资四万元，收购四十幅画。我将所得悉数捐赠上海工艺美术学校，该校建立“石伽奖学金”，每年奖给品学兼优的学生。1991 年，又将卖画所得给奖学基金增资。

1987 年 9 月，我被聘为上海市文史馆馆员，在此前两年曾为浙江省文史馆名誉馆员，晚年生活更加充实。我膝下三子，都工书善画，长子小伽次子二迦，都举办过多次画展；两个媳妇原是我学生。一家人志趣相投，令我自豪。

我现今八十六岁，不能满足于现在水平，已有四年足不入市，一心追求高的艺术境界，务期老有所学，老有所为。

（摘自《上海文史研究馆名录》1991 年第四辑）

申石伽晚年在家

第一辑

【画苑君子西泠石伽】

世纪丹青——申石伽

许志浩

半个世纪以前的中国画坛上，出现过许多画技出众的“画王”，诸如齐白石的“虾王”、张善孖的“虎王”、熊松泉的“狮王”、徐悲鸿的“马王”、汪亚尘的“金鱼王”、曹克家的“猫王”和申石伽的“竹王”，等等，他们的出现给画坛注入了新的生机。其中“竹王”申石伽自11岁起学习国画，艺术生涯长达80余年，被艺林誉为“世纪丹青”。

1906年3月6日申石伽先生出生于被世人誉为“天堂”的杭州，其祖父是晚清著名山水画家申宜轩。他从小受家庭浓厚文化氛围的熏陶，喜爱中国古典文学和书画篆刻，3岁起诵读四书，11岁即习书画篆刻。14岁起作诗填词，俞陛云太史（俞平伯之父）见其倚声，颇加赞许，收为弟子，申石伽曾精绘了“俞楼请业图”作为从师进见礼。16岁考入两淮盐务中学，师从精通中西绘画并擅长书法的胡也纳先生。同学中有叶浅予、陈从周诸友，次年加入中国美术会，与叶浅予组织中国美术会第一届杭州画展，吸引了一批画界同好，刘海粟、潘天寿等都有作品参加和给予支持。中学毕业后留校担任美术和图文教师。同时曾拜为慈禧太后代笔作画的王潜楼先生为师，学习绘画。不久，又与王师发起组织“西泠书画社”，得到广泛呼应，集纳社友一百多名。当时，唐云、胡亚光、王端、张炎天等都是社友，盛名一时远播大江南北，从此申石伽的画作上署名“西泠石伽”，同年与夏畹君结为伉俪，风雨同舟、唱和相随，互敬互爱77个春秋。

1926年全国美术展览会在上海举行。21岁的申石伽携带《芦塘聚雁图》长卷参加展出，引起艺界好评。在上海艺坛不仅结识了很多朋友，还幸运地观摩到大收藏家狄平子、庞莱臣、李祖韩等所藏历代名画，其中有极珍贵的宋元名作，他细细揣摩品味其中精妙，颇有所得。不久，在上海的著名画店“戏鸿堂”、“九华堂”、“荣宝斋”、“朵云轩”等帮助下接件鬻画为生。很快，申石伽绘画创作逐渐被沪上书画收藏界人士所接受，终于站稳在十里洋场。并与沪上丹青高手张善孖、张大千、马骀、郑曼青、钱瘦铁和孙雪泥等人，共同发起组织了宗旨为“研究发扬中国书画艺术”的美术团体“消寒雅集”，同时又加入当时国内唯一向政府立案批准、名噪一时的“中国画会”。

1926年，著名摄影家郎静山和画坛名家叶浅予在上海创办中国美术刊行社，首先为已在海上艺林声誉鹊起的申石伽先生出版《申石伽山水扇册》，赢得美术界的称誉。鸳鸯蝴蝶派文学巨子徐枕亚，欣赏这本画册中的作品后，发出“垂老峨眉空爱好，识君已恨十年迟”的感叹，遂与画家结为知己。

1932年王潜楼先生过世，申石伽先生遵照其绘画恩师的遗愿，接过教鞭走上教画育人的道路。1937年七七卢沟桥事变，面临民族生死存亡，申石伽先生拿起手中画笔，投入到抗日宣传的行列中，创作了大量精品应征捐款。现代大诗人郭沫若看到画家热情高涨的作画劲头，异常敬佩，亲笔书写“别妇抛雏断藕丝，登舟三日见旌旗……”七律诗相赠。

1940年，上海著名收藏家叶熙春，用自己的藏品，刊印申石伽当年创作的十幅山水精品《石伽十万图山水画册》。此书一出，令申石伽在艺坛名声大振，各界纷纷求画，大有应接不暇之势，要求从学弟子更多。当时众多女弟子就建立了“娜嫘画会”，达数十人之多。1945 年以后在沪杭相继成立“小留青馆书画馆”，从学者有百余人。1946 年后申石伽在西藏路（旧名虞洽卿路）宁波同乡会里举行极有特色的文学书画展，深受观众欢迎，社会名流梅兰芳、杨振雄都来捧场。画展义卖之所得于威海卫路威海新村创办了“友声图书馆”，目的就是让平民百姓在国难动荡之际，仍有机会学习文化知识。新中国成立后，他将多年心血建立的图书馆，捐赠给了国家。

申石伽在家作画

新中国成立后，先后在上海京剧院和上海越剧院任教，参与建立了上海工艺美术学校，培养艺术青年。50 年代初画家生活颇为清苦，一年岁暮，周总理从陈叔通交谈中得知此事，特以百金赠与画家，使他全家欢度春节。申石伽先生多年来一直将此事铭怀于心，1973 年秋，法国总统蓬皮杜到上海访问，周总理设宴锦江饭店，画家特意精心绘制一幅金碧山水，悬挂宴会大厅墙上，顿时让宾主感到满眼生辉。许多画界同行参观此幅绘画后，纷纷赞扬说此类山水画，自吴湖帆和贺天健去世后，已少有人有此高超手笔了。申石伽晚年还利用业余空隙致力于山水画技法基础知识编写工作，编写成一部被美术教育界誉为“当代《芥子园画谱》”的《山水画基础技法》，从执笔用墨到树石峰峦、瀑布云层，循序渐进地介绍了山水画勾、点、染等基础技法，并将宋元名家画法分类示范，使初学者对如何运笔，如何用墨一目了然。1979 年经上海人民美术出版社出版后，行销全国各地，短短几年中此书一再重版，发行数累计达 30 余万册。香港出版机构也推出英译本，满足海外众多爱好者学习和鉴赏中国画的需求。中国美协副主席、中央美院中国画系主任叶浅予看到该书后，当即写信给作者，盛赞这本国画技法基础知识读物，并建议中央美术学院国画系采用为教材。申石伽先生又将平生画竹心得，编写为《墨竹析览》一稿，由上海书画出版社出版发行，同样赢得读者推崇。

画竹，是申石伽先生扬名画坛的擅长。少年时代常常涉足于西湖云栖竹林之间，被“有坚贞挺拔之姿和孤直玉立之操”的翠竹所迷住，他从竹子身上体会出“秋风昨夜渡潇湘，触石穿林惯作狂，唯肖竹枝挥不怕，挺然相斗一千场”的君子节操，而立志与竹相伴终生。

中国绘画历史中，画竹高手代代呈现，不乏其人。从五代李颇、宋代文同、元代赵孟頫、明代朱端、清初石涛和清代郑板桥，绵延千年，盛而不衰、各具韵味。申石伽先生画竹之妙，融入山水技法，常见竹以山水为背景，渲染烘托，或飞溅的山泉，或激流中的礁石，或烟云雾海弥漫变幻无穷，使画面开阔，气势磅礴，更富质感，独具风格，1940 年他的力作《万竿烟雨》巨幅在上海展览和出版后，轰动一时，赢得“竹王”的桂冠。综观他画竹的过程，不难看出其曾学过文同、苏轼、吴镇、石涛和李方膺等人，因此他笔下竹有吴镇的不拘绳墨，老笔纷披；有石涛的豪放洒脱，浑厚淋漓；有李方膺的饱满苍劲，铁骨铮铮。他师古人，但不落窠臼，是其画竹的最大特点。1985 年被浙江省文史研究馆聘为名誉馆员。

1987 年上海展览中心收购了画家捐给上海工艺美术学校的 40 幅精品，所得的全部款额在校内设立“石伽奖学金”，藉以奖励品学俱优的学生。同年申石伽被聘为上海文史研究馆馆员。此后，他谢绝一切应酬，闭门看书研画，恪守“寡欲清新宁志利众”的座右铭。他曾对人说：“我与世无争，日常涂几笔诗书画，正是精神上的享受，别无他求。”十五载不下楼，全心投入绘画艺术的探索，画出数量丰富的“超脱而复深厚，神韵藏笔底，功夫不凡，构思精致”之佳作。

1992 年，画家应台湾艺文中心之邀，精选 50 余幅山水、花卉举办“申石伽‘70-90’精品展”，引起岛内艺林巨大反响。蒋经国先生不但亲临画展仔细观摩每一幅作品，临走时还购入一件心仪梅花图，并赠送一枚台北梅花协会定制的梅花表，惠托主办方转赠画家。

1993 年，画家对自己早年成名作“十万图”湮灭一事耿耿于怀，自感进入耄耋更应重画一套留于后人。于春天起闭门谢客，经半年多努力，终于让“十万图”重现人间，同时也体现了画家的绘画功力达到了新的高度。

2001 年 6 月 30 日，申石伽病逝于上海，享年 96 岁。

（本文为《西泠石伽书画集·序》，上海人民美术出版社 2001 年版）

申石伽晚年在家

“十万图”负盛誉的申石伽

郑逸梅

申石伽以“西泠石伽”为笔名，迄今将近半个世纪了。他是杭州六桥三竺间人，生于一九〇六年三月六日。他箕裘克绍，继承他的祖父宜轩老人的画艺。宜轩曾参南皮张子万的莲幕。《寒松阁谈艺琐录》谓：“子万工书画，山水擅娄东诸家之胜，而尤醉心于石谷，其秀逸苍润，并世无俦。”实则子万的精品，大都出于宜轩代笔，可是子万画名颇盛，宜轩的名声反湮没不彰。

石伽十二岁即能为篆隶、刻印、画墨梅。其父亦清季学者，督课很严，故石伽十四五岁时，便作诗填词。俞陛云太史（平伯之父）南来，见其倚声，颇加赞许，收为弟子，石伽曾绘“俞楼请业图”为贽见礼。他弱冠后，橐笔来沪上，观赏庞莱臣、李祖韩等收藏家所藏的宋元正统山水，画乃大进。山水外兼绘墨竹，自文湖州、夏仲昭工笔入手，又复经常涉足于猗淇猗澳之间，更喜于雾中观竹，说：“在迷蒙萦翳中写生，更具姿妙。”因此他的画竹，变化很多，凡风、晴、雨、雪，粗疏幽秀等等神态，均能得心应手。当时日本报纸上，已有白蕉（松江人，别署复翁，擅行草书，尤善画兰）兰、野侯（杭州人，字欣木，以画梅著名。富收藏，榜其斋为“梅王阁”及“五百本画梅精舍”）梅、石伽竹三绝之誉。

当抗战军兴，沪上爱国人士筹募前线将士慰劳金，石伽慨然出画幅一大束应征捐献。时郭沫若在沪，见石伽青绿山水，亲为题句，并以“别妇抛雏断藕丝，登舟三日见旌旗”七律一首书轴，托黄定慧转赠石伽。定慧，湖南浏阳人，早岁奔走革命，一度小住西湖俞楼，曾列为石伽的弟子行。闻定慧任地下党工作时，保卫周恩来总理颇著功勋。总理深爱定慧的才智。自“四凶”横行，定慧被禁锢多年，直至 1979 年事白，到上海，和石伽会面。石伽画雪松图，题诗为赠，诗云：“飞扬乍展故人眉，执手无声意转悲。不死竟留今日见，重逢各有断肠诗。”又云：“蜃楼桑海云和梦，蓦地风雷鬓亦丝。珍重岁华过七十，为君写出傲霜枝。”

石伽所作词，自弱冠至政治大动荡前夕，积有四十余年旧稿，皆毁于“四凶”之手，友朋每为深惜，但石伽胸怀旷达，一笑置之，且谓：“本来无一物，何处着尘埃。”独于所编《历代诗词韵语选》一书，凡一百三十余万言，全稿十六册，付诸荡然，却为之不欢长叹。该稿系与其女弟子项养和同编，选录自汉魏六朝，直至唐宋元明清及现代各家诗词，或长题，或断句，分六十余类，凡山水花鸟等画种，均可按着分类找觅题句。石伽绘画余暇，经数十年精力，成此巨作，的确是很不容易的。

1926 年，朗静山、叶浅予在上海办中国美术刊行社，为石伽出版《申石伽山水扇册》，当时以说部著名的徐枕亚，初识石伽，题其画册诗，有“垂老娥眉空爱好，识君已恨十年迟”之句。1940 年，有《石伽十万图山水画册》问世，所谓“十万图”，即万柳藏春、万竿烟雨、万壑争流、万山堆雪等十幅工致之作，这书一出，声誉益隆，各界纷纷求画，大有应接不暇之势，从他学画的更多。日本人爱他的北宗水墨山水、争相定购，唐云曾书“海国都来求画稿，佳人相约拜先生”楹联为赠，因从他学画的，以女弟子为多。我的孙女有慧，也从他为师。

他又受知于陈叔通。叔通卜居沪西小沙渡路吉祥村，周总理常和叔通往还，由于叔通介绍，总理也很称誉石伽的山水。解放后，石伽仍安于卖画教画生活，颇为清苦。某年岁暮，周总理在沪，曾以百金赠之，使他欢度春节。1973年秋，法国总统蓬皮杜到上海，周总理设宴锦江饭店，由锦江党支部转嘱石伽为宴会大厅画一巨幅，石伽作金碧山水，矞皇宏丽，照眼生辉。这种山水画，自吴湖帆、贺天健物故后，已少有人擅此高超手笔了。

国画传统的技法，相去日远。石伽编绘《山水画基础技法》一书，中有画幅一百三十余张，又有宋元名家山水画法分类示范。“四凶”闻讯，认为封、资、修复辟，把这画稿从中华印刷厂撤回，封闭不予发表。“四凶”垮台后，一九七九年，上海人民美术出版社重为整辑，始得问世。

他组织“小留青馆画会”，他的哲嗣小伽、二迦，都能画，父子三人和女弟子项养和，曾举行联合画展，作品百余幅，博得好评。二迦兼擅小提琴，又参加西乐演奏会，真可谓多才多艺、一门风雅了。

（摘自《艺坛百影》中州书画社1982年版，14-17页）

申石伽70年代照

申石伽80年代照

周谷城致申石伽的一封信

石伽先生：

今日见我老伴研究《山水画基础技法》时，始知此书是先生所惠赐，感愧交集，感先生高龄以尊作见赐；愧未等日申谢，对不起先生。老伴谓尊作极好学习，也极有味。吾谓，他日学而有成，当勿忘石翁之赐。

敬礼！

周谷城谨上

一九八二年九月十三日

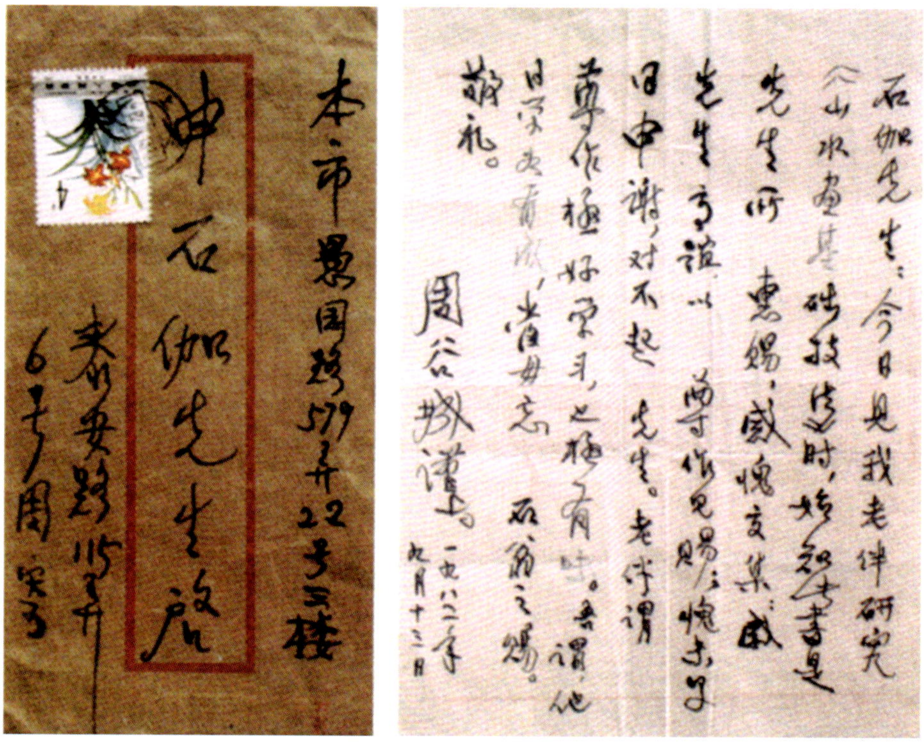

周谷城给申石伽的感谢信

一枝大竹通霄汉

——西泠石伽与画竹

费滨海

当今国画界名家能摆脱名利引诱而自愿甘于寂寞、醉心于艺术天地的可谓凤毛麟角，申石伽先生便是一位。先生 12 岁即能篆隶、刻印和绘梅。16 岁考入两浙盐务中学，与叶浅予为同学，朝夕切磋画艺，共同发起组织中国美术会第一届杭州画展为画坛所瞩目。20 岁携《芦塘聚雁图》抵沪，从此开始了艰辛的卖画生涯。其时，先生与叶浅予借住打浦桥恒庆里，合作接受画件，以此谋生，苦度岁月。

1926 年，郎静山和叶浅予为其出版了《申石伽山水扇册》，深为艺林同道推崇。1940 年，《石伽十万图山水画册》问世，内中刊有海上收藏名家叶熙春收藏的 10 幅申石伽以“万”字命名的精致山水画作，再次引起轰动。由此，日本等国书画爱好者纷纷前来定购画件，加之先生的学生又多为女弟子，因而著名花鸟画家唐云曾撰“海国都来求画稿，佳人相约拜先生”楹联相赠，一时传为美谈。

作为一位蜚声中外的丹青高手，先生更钟爱教育事业，他自称自己的成就是教育第一，绘画第二。早年其执教于老师王仁治创办的国画学馆，后又开设“小留青馆”书画社，培养了众多的国画人才。建国后，先生受聘于上海工艺美术学校，呕心沥血从事国画教学工作，桃李满天下。国画家蔡天雄即出自先生的门下。有感于国画传统技艺被人日渐淡忘，先生积数十年教学和创作之经验，编著了《山水画基础技法》一书。该书成于“文革”前，其时已是“山雨欲来风满楼”，为使该书顺利出版，他不仅抹去了内中所附示范的 136 幅画稿原作者名字，且有关传统山水技法和出自何种流派、何家绝口不提。尽管如此，该书最终还是被诬为“复辟封、资、修的黑货”而被取消发行。多亏上海工艺美术学校将该书的校样悄悄撤回并加以妥善封存，才使《山水画基础技法》得以在 1979 年 10 月正式出版发行。几年来，该书一版再版，大受欢迎，累计发行了 26 万册。先生曾于该书初版 3 万册时即兴题七绝一首：“春藕缠绵丝不尽，大河上下浪声喧。今日旗开三万箭，岂能一战定中原。”1985 年，先生闻知该书已发行了 26 万册，再赋小诗一首：“自斟残

大竹通宵汉

稿画云峰，说甚尹邢有异同，但视化身千百万，手栽桃李沐春风。”

更为难能可贵的是，先生为了振兴国画教育，又于 1987 年，将自己精心创作的 40 幅山水墨竹画无偿捐赠给上海工艺美术学校。后 40 幅画作被上海展览中心悉数收购，学校用此得款 4 万元设立了“石伽奖学金”，用以嘉奖成绩优异的学生，此事备受有识之士称赞。有趣的是，先生竟被误认为漏交个人收入调节税，由此带来了不少麻烦，直至惊动了时任上海市市长的朱镕基同志，方才澄清原委，真是好事多磨。

尽管先生最擅长水墨山水，而且创作数量最丰，然而在人们心目中始终及不上他的墨竹声名。这位誉满中外的“竹王”，或许是生于杭州六桥三竺，日日与竹为伴的缘故；或许是因战争所迫，两次避难于竹林半年之久的缘故；或许是崇尚偏爱竹的高节清灵的缘故，从 18 岁起画竹，就一发而不可收，可谓一往情深。先生笔下的竹，往往衬以山石、烟云、水流和星月，情景交融，遥相呼应，极富变化。其竹既有舞蹈的明快节奏，又有诗词的幽远意境，难怪不少行家称誉先生的竹是抒发民族精神的人格化的竹，是不曾说话的诗词。故当年有石伽之竹、白石之虾合为画坛双璧之美誉。连当时海上画竹名家江翊云也对其墨竹推崇备至。两年前，先生编绘的《墨竹析览》一书又问世了，成为美术界的一大盛事。内中收录的先生墨竹代表作 31 幅，皆为先生炉火纯青的见骨、见功之作，细细展读，意味无穷，实是先生冰清玉洁、真诚坦荡的人生写照。值得一提的是，先生的诗词也极具特色，清新俊逸，时有佳句迭出。如为墨竹画所题诗句“双竹同声侣相携，舒怀抱雪得北风”（双竹），“清晕笼夜月，风雾洒长天”（月竹），“朝霞迎瑞雪，劲竹舞春风”（雪竹）。诗画交融，相得益彰，真乃珠联璧合，锦上添花。

为使画艺更进一层，先生近几年闭门谢客，深居画楼，足不出户，潜心创作，画艺日进。无论是山水还是墨竹，皆自成面目，独具风采，观者无不为之惊叹。此种淡于名利、献身画艺的境界为时人难以企及。在此谨录下先生的一首题竹诗作为本文的结尾：“墨饱心宽自在身，澹然几笔复天真，一枝大竹通霄汉，塑个顶天立地人。”

（摘自 1990 年 6 月 25 日《书讯报》）

申石伽与小畹《秋菊图》

费滨海

那次去探望以画竹和山水而享盛名的著名画家申石伽先生，刚坐下，先生就从身旁的抽屉中取出一轴画，边在画桌上展开边对我说：“你过来看看这幅画。”

泛黄的画幅和已变色的装裱绢绫都告诉我，这是一幅年代很久远的画作。画面上是几株婀娜多姿的秋菊，敷色淡雅，构图简洁，虽说笔力略显稚嫩，可细细展读，似一阵春风扑面而来，再看画幅左上端的题词，始知此画出自先生爱女申小畹之手。词云：“吾女小畹四岁习绘事，此帧七岁秋季作，其翌年即逝矣。平时爱读南田花卉，辄叹曰：‘画至南田神矣。’惜儿当不能此，余勉慰之，意终不怿。孰知天鬘小谪，竟未及一百阅月也。其生前自知不能学恽氏法，岂夙根语欤。庚辰五月朔石伽记于泣珠室。”

原来50年前，先生有一爱女名申小畹，自幼聪慧过人，被先生夫妇视作掌上明珠。小畹4岁即开始跟先生习画，偏爱恽南田的花卉，尤喜绘菊。7岁那年秋天，小畹作了这幅《秋菊图》，深得先生赞许。谁料第二年小畹不幸夭折，先生悲痛异常，将自己的画室一度更名“泣珠室”以示纪念，又将小畹的《秋菊图》精心装裱成轴，不时展阅。为寄托对爱女的思念，先生从此不再画菊花。

1985年春，钱君匋先生在认领其十年浩劫中被查抄的文物时，竟意外地发现了申石伽先生当时被强行掠走的《秋菊图》，钱君匋先生取回后，当即派人将《秋菊图》转赠给申石伽先生。先生手捧失而复得的爱女遗作，老泪纵横，当即题七绝一首于画幅：“岂是儿魂护到家，遗笺历劫度虫纱，悽惶四十五年过，阿父从无画菊花。”哀婉之情可见。

值得申石伽先生欣慰的是，其三子小伽、二迦和幼伽皆从父业，在绘画上均有建树，曾多次参加各种画展，他们的夫人也都是丹青好手，在郭潮所编的《西泠石伽题画诗词》中，先生曾有生动的记叙。如题于春夜与小伽、二迦合画《岁寒三友图》云：“小伽写青松，老伽补墨竹，二迦添红梅，娟娟生莹玉，父子如三友，春风共笑乐，喜迎百花开，家门传芳馥。”再如题幼伽《塞北风光图》云：“丹青游戏合家欢，一支画笔天涯独，壮哉吾家小画师，不写江南写塞北。”

（摘自1992年4月17日《南昌晚报》）

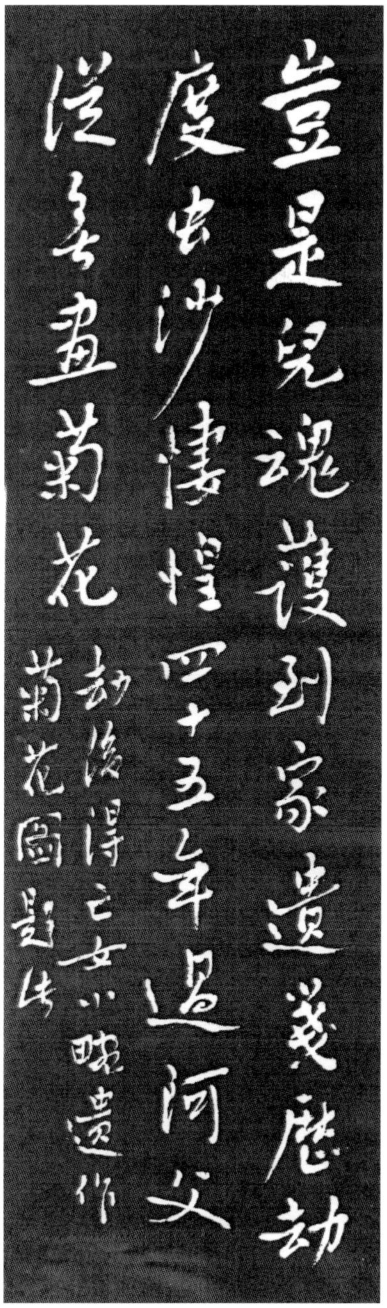

题诗菊花图

石伽之德

陈从周

余近年多谬论，有谓“观博物馆藏品，可增抗疫力；看时人之作，易受流行病”。盖非无所谓而发也，实指“法度”而言。任意涂抹，非属不可，然无法度，等如杜撰。“继承不足，革新太快”，遂引我有所感焉。申石伽与叶浅予长于余，因同启蒙于胡也衲师，故以深长尊之。四十余年来，知道德文章足为人师。为书画，为词章，皆有法度可循。此《墨竹析览》，即课徒之作也，余读而有所述者。夫墨竹之际道，唯东方艺术有之，非仅艺事一端而已。实存哲理其中，贵在内美也。人喻为君子，或歌其亮节，得清逸雅健之致。历来画论言之多矣。

“要知画法通书法，兰竹如同草隶然。”板桥以书家写兰竹，有此精论，阐明不解书法，难言画竹。当今书画日渐分道，且与文学时趋脱离，则画竹之道，更无从言矣。石伽有心人也，惧斯艺之沦亡，振八代之文衰，兹集之作，良有以也。

宋人之竹，院本重勾勒，结构谨严。元人多墨竹，遒劲简淡多不尽之意，寓狷介高洁之性于画中。明清以降，作者辈出，承先人之遗规，另辟蹊径，要之皆非无本之木，卓然成家非数十年功力不逮也。故元明以来名画家无一不工写竹者。竹者，画之基本也，余尝论造园有法而无式，能入方能出。石伽之艺，非以式囿人，而以法启人也。悟其理，通其变，则挥毫自如，方出新境，金针暗度，其在斯乎？

石伽承家学，画初师永康胡先生也衲，并同时执贽于杭州王先生潜楼（仁治）。复受知于德清俞先生阶青（陛云），传诗词之学。今古稀之年，双鬓若雪，犹眷念师恩。实为今日言师道者楷模，有利于明教也。反视流辈，稍有一得，则耻言其师，人情之敦厚与菲薄，判然泾渭。余序石伽之书，颂石伽之德，益厚望于读石伽之书、学石伽之竹者。

（此文为《墨竹析览·序》，上海书画出版社1985年版）

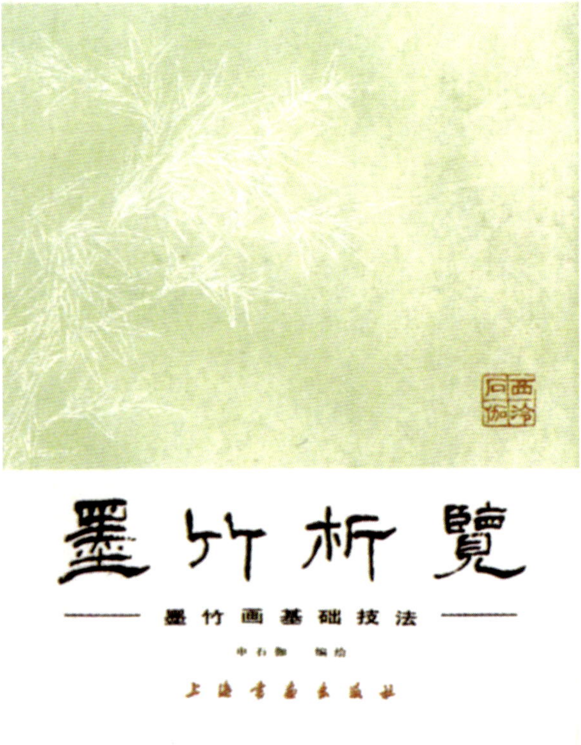

《墨竹析览》封面

画苑君子申石伽

王渭山

上海这个城市，历来藏龙伏虎，说不准何处寻常巷陌，默默地住着位满腹经纶胸有大才或一身绝艺的国宝级人物。

在沪西兴国路一幢老式楼房的十几平方米小屋里，住着位清癯修长、年逾九秩的老人，耳聪目明，腰背硬朗，每天仍能临窗挥毫不辍。他工诗、工书、工画，他以画竹享有大名，世称“竹王”。他的山水画，行家无不服膺，足可与近现代画坛顶级大师相颉颃。诗词书画创作以外，又致力于著述，仅《山水画基础技法》一书已出版七次，印数数十万。在文化人中，他的知音并不少，像陈从周就盛赞他是“君子人”，谦称他与自己“谊在师友之间”。但就是这样一位大师，多年来拒绝应酬，婉谢采访，近九年来更是足不出户，淡泊明志，不求闻达。他就是申石伽。

“万柳藏春”寓深意

申石伽出生于杭州世家，诗礼传授，早年学画于王潜楼，学诗文于俞阶青，及长，在杭州盐务中学执教时，已享有大名，诗文画作名重一时。其书斋“留蕊草堂”，总是“座上客常满”，自然多半是慕名前往求书求画的。

杭州沦陷后，日寇千方百计欲罗致石伽为其所用，但作为清代书画家申宜轩之文孙，自幼秉承祖训“要做堂堂正正的人”，岂肯认贼作父，自然坚拒日寇的“邀请”。于是侵略者乃施以软禁，妄图逼他就范。

就在石伽处于困境时，比他大 24 岁的忘年交叶熙春医师向他伸出援助之手。叶熙春，杭州人，乃上海名医、书画收藏鉴赏家，石伽画作的知音。为免石伽沦于敌手，便花钱托人为石伽通关节，让石伽避祸来沪，住进租界牛庄路。石伽抵沪后，以满腔民族愤激之情寄托于诗画间，其中最为世人传颂的便是“十万山水图”。

“十万图”，是石伽十幅山水力作，其画题均以“万”字为首。首幅“万柳藏春”，创作于杭州被日寇软禁时，其意为：“中国人是压不垮的，像万树杨柳蕴藏着春天的生机，定会迸发而出的！”第二幅“万壑争流”也作于杭州，当时抗日救亡运动，恰如万壑争流，石伽命意与之后的《黄河大合唱》异曲同工。

石伽抵沪后又陆续画出八幅“万”图，连前二幅，合成“十万图”，“十万”的弦外音，无疑是“民族危难，十万火急”！

石伽在上海完成的八“万”图，分别是“万峰行旅”、“万里风涛”、“万点青莲”、“万树秋声”、“万松云起”、“万芦飞雁”、“万竿烟雨”、“万山堆雪”。

石伽的“十万图”，寓意深厚，笔笔传神。诸如风涛、青莲、征雁，象征抗日生机；万松、万竿、万山则点出抗日力量。故“十万图”一出，沪上叹为观止。石伽于 1938 年在上海开过二次画展，他以书画笔润创办“友声图书馆”于威海卫路威海新村。解放后，他即将这个图书馆捐赠给人民政府，作为献给新中国的见面礼。

叶熙春医师购下“十万图”，并由叶氏问苍山房以珂罗版精印二千册问世，被习画者奉为范本，石伽之名，盛誉沪杭，求画者盈门。后来郑逸梅先生曾在香港《文汇报》上著文赞之，称“申石伽以‘十万图’成名寿世”是言之有据的。

门下弟子三千人

石伽老人少时心仪佛学，笃信佛教教义“不染尘杂，甘为众谋”。石伽这个名字中的伽，取自梵文伽蓝，石则取其坚贞，故石伽自少年始，即立志坚定为众，在他成名后，在沪杭相继创立“小留青馆书画社”，广收弟子，辛勤执教国画山水技法。解放后他又办上海工艺美术学校，六十多年来，门下弟子逾三千，近年驰骋画坛的蔡天雄、汤肇基、张强辛诸子皆出其门下。但石伽老人却表示，他一个学生也没有！“进门跟我学，是弟子门生，出门就是朋友了，谈不上师徒，所以也可以说：学生一个没有，我不过是引进门，修行全仗他们自身啊！”

石伽老人收徒是效法孔夫子，有教无类，各行各业都有。他也像随园老人袁枚一样，收了不少有才华的女弟子，例如他的长媳及次媳（许莎青、胡蕴青）便是他“小留青馆”的入室弟子，均以“青”字命名。此外像昆剧表演艺术家岳美缇女士也是石伽老人的高足。岳美缇习画认真，作画有灵气，演戏作画融会贯通，互相发明。她常向人提及申老对自己的教诲：“你上舞台前，先神入画境，这样站在台上，才能‘玉树临风’，光彩照人，角色书卷气立见！”对这位老画师的感激之情溢于言表。

耄耋重绘“十万图”

叶熙春医师，解放后历任一、二、三届全国人大代表及浙江省卫生厅副厅长。其时，叶氏将珍藏的不少历代著名书画捐献给浙江省博物馆等单位，但留下“十万图”等当代名作，拟在有生之年对这些佳作进行剖析阐释后再行捐献。谁料“文革”浩劫，叶氏以“走资派”及“反动学术权威”双重身份被批斗抄家，“十万图”连同其他珍品都被“造反派”一抄而光。“文革”中叶熙春先生忧郁而逝，临终前，他一再嘱其子叶清江等：“一定要把“十万图”找到手，然后献给博物馆，否则我在地下也难以瞑目……”

“十万图”杳如黄鹤，无迹可寻，叶清江与“十万图”的作者、父执申石伽开始又联系不上，为此十分焦急。“文革”后，叶清江以乃父事迹为题材的《杏林春雨》6集电视剧在中央电视台播出，引起申老的注意。这样，当时八十多岁的申老与六十多岁的叶清江得以相聚。当获悉“十万图”已佚，为慰叶熙春在天之灵，报知遇之情，申老以八七高龄，第二次画出“十万图”。据行家分析，这第二稿“十万图”较当年的“十万图”有过之而无不及。半个世纪的沧桑阅历，使这次创作的“十万图”更富神韵了。

第二次脱稿的“十万图”完成于1993年，“十万图”连同申老其他作品共五十余幅，应台湾艺术界敦请，前往展出，结果大为轰动。台湾各报纷纷报道，赞之为国宝级珍品。皇冠艺文中心将这些珍品制版出书，初版问世后被抢一空，四十余幅佳作被博物馆收藏，供人观赏，因而第二次的‘十万图’又不在石伽身边了。而第二稿“十万图”原来是为酬老友叶熙春的遗愿而作，要送到杭州的。于是申老决心以九旬高龄三画“十万图”！

斗室三创“十万图”

1994年，石伽老人以89岁高龄三创“十万图”于斗室中。称老人的画室是“斗室”，确实是名实相符的，大小不过十平方米，除两只书柜与单人沙发外只有一桌三椅。要是他想使居处略为宽敞些，本非难事，但他宁愿以稿酬谢作助学金，甘居陋室，九年足不出户，布衣素食，孜孜绘事，体现了一位艺术大师的德馨。

石伽老人说：“我这个人与世无争，日常涂几笔诗书画，正是精神上的享受，别无他求。”

“戒贪寡欲清心宁志利众”，这十个字便是石伽老人近一个世纪以来恪守的信条。石伽老人说：“佛身边的伽蓝鸟叫得动听，我是石头伽蓝鸟，不会叫。”他的书画劳作七十余年，画作逾万，著作等身，但他却厌恶沽名，尤忌被“炒”。日前曹阳与叶清江以石伽事迹编写电视剧本，他说：“我的名字无非过眼烟云，不值得去写。”后见推诿不过，才表示如他的经历尚能反映中国知识分子在社会变革时期的某一精神侧面，写，自然也无不可，但主角决不能用申石伽这个名字。年逾九十的老人，对自己的十字守则，仍恪守不移。

无功利心是一件事，在艺术上精益求精是另一件事，他三创“十万图”真可谓全身心投入画幅，从而使“十万图”的第三次创作更加精湛。有位行家对之评论说：“超脱而复深厚，神韵蕴藏笔底，功力不凡，构思精致，启爱国之心于山水间也。”福建海峡出版社特以之制版印成1996年挂历数十万册，今年上海又与申老约定，用来印刷1997年挂历。“十万图”为行家激赏，可见一斑。

一门鼎盛六画师

1966年前，石伽老人曾积十年心血编著《历代诗词韵语选》130万字，可惜毁于“文革”，而在这场浩劫中被抄散失之诗书画更不计其数。对此老人总是淡淡一笑，指着墙上一幅画作上的题诗“幻化世情心上过，叱咤风云腕底来”，说：“劫难已过，今则欣逢改革盛世，我又能安心作书画，不再有劫难干扰了，这便是最大的幸福。我的长子小伽、次子二迦也已步入老年，我家是‘父子亦师生，婆媳如母女。孙儿当教授，著书十五部。同在上海滩，和睦天伦聚’，这就是最大的幸福，我能不为劫后新生活而高兴吗?

石伽老人的夫人夏畹君，先祖夏同善，即为杨乃武冤案平反奔走的循吏。两人结婚七十年，至今伉俪弥笃。他们抚育了三位公子小伽、二迦、幼伽，都克绍箕裘，自幼从父学画，均以画作名世。老人二位媳妇许莎青、胡蕴青也是石伽老人的得意门生。一门六画家，堪称佳话。老人的孙儿申小龙虽非画家，但作为复旦大学中文系教授，著书立说，自与家学渊源有关。石伽老人见功力更富神韵了，说：“我们父子均已进入老年，而在绘画生涯中，尚在相互角逐，实为平生一件乐事。”他又说：“我希望青出于蓝胜于蓝，这才是大好的事情呢！”

石伽老人的谦逊淡泊是出了名的，以慎言律己，七十多年来心不旁骛，“作画乐教画更乐”（石伽语），然而“桃李不言，下自成蹊”。难怪人们赞颂其画艺并及其子云：“英杰一门六画才，丹青十‘万’巧安排。古稀耄耋相角逐，叱咤风云腕底来。”

（摘自1996年11月《上海滩》）

福寿书生十闲章

沈　宽

申石伽书画数以万计，所用印章难以数计，但九十多岁的生活沧桑，七十余年的艺术经历，却可由以下十方闲章概述：

一曰："生于丙午"，一九〇六年，岁次丙午，西泠石伽生于浙江杭州，幼童岁月，禀承家学，刻苦钻研，书画金石，经史词章，无不广泛涉猎，早期习作，均钤此印。

二曰："后学而已"，二七年秋，初到申城，海上画坛，异彩缤纷，少年石伽，耳目一新。挥毫泼墨，钤此铭记。

三曰："恨天公生我、何苦生心"，而立期间，始攻哲学，释家道典，兼取并蓄，略识人生，叹息钤此。

四曰："沦泊自甘"，三十年代，抗战事发，家乡沦陷，只身飘流，复到上海，以画谋生，钤此修心。

五曰："如今已是中年"，不惑之间，钤此铭志。

六曰："草莽闲情"，五七年间，风云突起，海上画苑，亦不平静。在野情趣，可见一斑。

七曰："来自无声处"，六七时期，文化涤荡，锣鼓喧天，神州沸腾，平心钤此。

八曰："无意苦争春"，七七新岁，"四凶"灭亡，百花待放，万业竞争，安心钤此。

九曰："福寿书生"，八七年代，万象更新，迁居小屋，隔世深造，养身钤此。

十曰："九十画笔随心所欲"，耄耋岁月，随意之心，伏枥之志，以此表示。

（摘自 1997 年 4 月 14 日《新民晚报》）

"福寿书生"印章

"恨天公生我，何苦生心"印章

幻出风光烂漫秋

曹志苑

这几天，世纪老人著名书画家申石伽的家里门庭若市，小小书房墨香袅袅，笑语片片。申老的弟子们乐滋滋地向这位“大师爷”传递喜讯：国庆前夕，李鹏总理在中南海接见108位被评定的工艺美术大师。上海，作为传统工艺具有广泛地域特色的城市，开拓的前景无比灿烂。

清癯高瘦的申石伽先生，迈步轻盈，举手捉笔从容稳健，绝无92岁耄耋之年的昏瞀。他微啜香茗，借着好心情，饱蘸清墨，在一幅《皓月雅竹》图边即兴赋诗题款：“青红蓝褚黄朱紫，幻出风光烂漫秋，珍惜山河颜色好，年年林下自悠悠。”寥寥数语，道出了这位老人历经世事沧桑的感慨。

老一辈书画家都知道，创建上海工艺美术学校正是上海解放初期百废待兴之时，当时申石伽与王康乐等几位对传统艺术怀有特殊感情的书画家，白手起家办起了学校。如今，申老可谓桃李满天下，他的学生汤兆基、蔡天雄等在他的影响下都自开面目，为下一代传授技艺。

从“工美”退休后的申石伽，每月的工资数百元，然而为了弘扬民族文化艺术，他曾两度以个人所得微薄的画润数万元，捐给“工美”，以推动中国画教育的发展。有好心人劝他，依你申老的名声，何不出去画画竹子添添叶子，捣几下浆糊一次就是你工资的几倍呢。对此申老付之一笑说，人不能要的太多，为一点小利用生命去搏，不值。他又说：“名字就如符号，活着是从字典里借来的，去了还给字典。我活到今天，是托社会主义的福，我们要为书画家争气呵！”

难以令人相信的是，申石伽如今与老伴数十年依然清淡度日，至今拒绝电话与空调。引用申老的诗句即：已穷笔墨趣，更臻山川美，何必换黄金，争得人憔悴。

（摘自1997年10月9日《劳动报》）

申石伽在激情挥毫间

墨饱心宽自在身

曹可凡

石伽先生住在我母亲家附近，去看母亲时，总要顺道去石伽先生处小坐片刻。对我们这些成年累月在外奔波，为他人作嫁衣的荧屏游子来说，倘若有个安闲、放松的去处，实在是一种莫大的享受。

兴国路幽静雅逸，石伽先生已有十二年没有走出家门了，这是真的。我已经记不清去石伽先生的画斋有多少回了。一幢五层楼的公房，显得有些陈旧，在春末夏初时节，天色幽暗的时候，静谧之中暗香袭人，绿影摇曳，巷间不见人迹，我仿佛回到了明清时期江南湿巷的画舫。置身在如火如荼、灯红酒绿、觥筹交错、竞争创意的后工业时代的我，仿佛一下子进入山涧幽谷，有一种超然的佛家出世感。

报上赫然用黑体登载了一则关于石伽先生一枚被视为生命至宝的印章被梁上君子窃为己有的新闻，我感到震惊，感到愤慨，因为我深知老人对这方印章的厚爱。这里有一段往事，《齐白石年谱》中记录了这段画坛佳话：在40年代，或许还早些时候，石伽先生从杭州来上海发展国画事业已名闻遐迩。当然，这是南方画坛的事。而北方齐白石的国画如日中天，红遍半边天。石伽先生的女弟子北上求印，白石老人十分欣然。刻这方印费了白石老人好长一段时间，从章法、刀法和意境都表现了石伽清朗的气度，这是白石老人将楚文化与江南的柔美结合在一起的篆刻力作。佳音传到上海，石伽先生为白石老人的大度而赞叹，并且急切盼望能尽快得到这方印。然而，艺术上的事就是这样，给天下做文章的人留下许多不尽的话题。在女弟子把印章带回上海途中，时值沪上有战事，女弟子竟客死他乡，印章也就石沉大海。但是，真正的艺术、珍贵的艺术作品是不会人去艺泯的。八十年代初，香港一位石伽艺术的崇拜者，在友人家中意外发现了这枚印章，他又在报上见到老人身体健朗，画事红火，于是，他出高价买回了这方印章，再配上印盒，远道北上，将印章送到了石伽先生的手上，一则是圆老人的旧梦，二则是贺石伽先生画艺发达，衰年变法，更上一层楼。石伽先生虽然不信佛，但信时下已经用滥的“缘”，他不禁喜上眉梢。有白石老人的印章作为精神支柱，石伽先生自己也感觉笔下生风，一改清雅风格，浓彩泼墨。石伽先生老当益壮，为海上画坛平添了热烈的气氛。而如今这方弥足珍贵的印章不幸被盗，令人扼腕。但石伽先生本人对此倒十分坦然，他说：“这枚印章失而复得，现在又不翼而飞，这说明这印章原本就不该属于我的。不过，我已经整整用了八年了，从价值上说已经够了，现在是物归原主的时候了。”随后，先生又取出一方印章给我看，我很诧异：“这不就是被盗的印章吗？”老人摆摆手笑道：“我是请朋友仿刻的，意思意思，比不得真的。”石伽先生如此酷爱艺术，如此淡泊名利，完全到了忘情的境地。

谈起对艺术的钟情，石伽先生总向客人说起他在40年代为启蒙平民自费办的“友声图书馆”。那时，有声望的艺术家都从事平民的启蒙运动，这恐怕也是那个时代人文精神的真实写照。石伽先生用自己卖画所得在上海闹市中取僻静的一角办了一个图书馆。当时新学兴起，各种图书出版得很多，40年代发了财的商人喜欢买画，为了充实图书，石伽先生在“友声图书馆”内办了两次个人画展。总算有了钱，图书馆添了新书，吸引了不少知识青年。谈及青年读书，有件事石伽先生至今还记忆犹新。他说，那会儿有两位青年经常在图书馆一边读书，一边促膝长谈，有时还带一批年轻人在这里聚会，看见外面有动静就假装读书。1949 年解放前夕，他们的活动愈加频繁，有时甚至到深夜才离开。后来才知道这些年轻的进步学生在为迎接上海解放做准备。“以后没有再去找他俩？”在一旁听的人问。“我是从事教育的不在乎名利，他们作风正派，我喜欢。以后我一直在学校教书，自然没有联系。不过，我也算为新中国解放尽了一份力。”石伽先生说到此爽朗地笑了。

真是人生易老天难老。今年石伽先生已是九十有三了，海上画坛九十还宝刀不老，挥洒丹青的真是屈指二三。回忆往事，石伽先生感叹道：“往日的朋友大都已作古，我已经十多年没有迈出家门了。我第一年不出家门时，为自己的画斋取名为‘六步楼’，意及画案之事。既是养心之艺，又寓不断变法的艺术。”俗话说：“少不出门是废人，老不出门是贵人。”这话很有道理，艺术本是积累之事，没有少年时的千里驰骋，老来的“六步”是不能成斋的，也不会有深楼绿荫，画栋雕梁。

石伽先生 1906 年出生于杭州书画世家，其父是清朝的学者。石伽先生三岁开蒙读《四书》，十二岁习篆隶，十六岁时入浙江盐务中学。从这一时期起，石伽先生便显露了他的艺术才华，开始了他的创作与艺术教育相结合的生涯。盐务中学有学生书画屋，叶浅予当学生西画屋主任，而石伽先生是学生国画屋主任。西子湖畔风光秀丽，两位同仁既开画展，又互相切磋技艺，把学校的学生画屋搞得诗意浓浓，这段美好的时光在老人的脑海中留下了不可磨灭的印记。所以，当我向石伽先生索画时，他花费了近一个月的时间，为我精心绘制了一幅《西湖梦痕图》，以纪念那个简陋但有生气的学生画屋，纪念他和叶浅予先生半个多世纪的友情。不过，老人又说：“最值得回忆的是我到了上海后和浅予同住在徐家汇的一条窄巷中的时候。晚上，两人把桌子拼在一起，我画中国画，叶浅予画西画。到了睡觉的时候，再把桌子拉开，各自用画桌当床睡。现在想起来真是蛮有趣的。”石伽先生完全沉浸在回忆之中，“叶浅予在这间小屋里还画了许多《王先生》的插图，我则画了许多山水、梅竹”。从先生充满激情的言辞中，我深深感到青年时期的石伽先生是那么富有进取精神，他不为名利所驱，把创作视为生命、青春。“我喜欢画画，也喜欢其他艺术门类。我是杭州人，对评弹和昆曲的迷恋几乎到了痴情的地步。后来弹词名家杨振雄、昆曲名伶岳美缇相继跟我学画，我和他们也就有了亦师亦友的交情。”

石伽先生的故里是杭州，其文化底蕴受宋朝精致的文学、理学影响，自然，石伽先生的画也不可避免地受到当地人文景观的影响。所以，他的作品总是充满了吴越清新雅丽之情，使人们展读画卷时完全到了忘情的地步。世上的事就是这样，忘情的事会生理，理而生势。80 年代末，有位老将军访问石伽先生。戎马一生的老将军喜欢石伽先生画的竹，但是竹清秀之韵不合将军的禀性，石伽先生颇费思量。“我愿十年磨一剑，早从水墨下功夫。先生借我英雄胆，泼墨研金入画卷。”这是石伽先生在为老将军作的画上所题的诗，为这幅创新之作增加了雄魄的气势。对于这幅用金粉泼墨的竹、石、山水合一的画作，石伽先生自己也感到很振奋。在中国画史上，七老八十还如此充满激情地创作金粉画山水，并以美竹融合其中，真是前无古人，别开生面。此时，又想起了“老不出门是贵人”的俗语，我想，只有那些真正具有不断创新精神的艺术家方才具有贵人真象。

石伽先生二十岁来上海发展画艺，以“芦塘聚雁图”长卷在海上画坛脱颖而出。于是，摄影家朗静山和好友叶浅予为他出版了《申石伽山水扇册》，反响不俗。有诗赞曰："垂老娥眉空爱好，识君已恨十年迟。"紧接着，著名收藏家叶熙春将石伽先生的"万柳藏春"、"万壑争流"、"万里风涛"、"万点青莲"、"万树秋声"、"万松云起"、"万竿烟雨"、"万芦飞雁"、"万山堆雪"出版成《石伽十万图山水画册》，引起轰动。上海同仁对先生极富创新的山水画寄予了厚望，朵云轩、荣宝斋等纷纷前来约稿，而想跟他学画者更是络绎不绝。所以，唐云先生书楹联："海国都来求画稿，佳人相约拜先生。"

"这些都是过去之事了，艺术贵在高雅、创新，两者不可缺一。一味创新，枪棒气太重；一味高雅，学究气太浓。"石伽先生不愧为教育家，如此归纳总结，令后生感叹。又近烟花三月时，风鸢春莺，老人虽足不出户，但从那慈祥的面容和从容的言谈中分明已经感受到了春天的气息。

石伽先生曾有题竹诗："墨饱心宽自在身，澹然几笔复天真，一枝大竹通霄汉，塑个顶天立地人。"这首诗表达了他历经沧桑而更高洁的人生境界，也是一位艺术家品格的真实写照。

（摘自《画外话》，上海文艺出版社 2000 年版，第 85 页。本文写作于 1998 年 9 月 15 日）

西湖梦痕图（1989 年作）长卷

六十年前石伽画

郑于康

半个世纪以前的中国画坛出现许多“画王”，诸如张善孖的“虎王”、熊松泉的“狮王”、申石伽的“竹王”、徐悲鸿的“马王”、汪亚尘的“金鱼王”、陈莲涛的“猫王”等等，他们的出现给画坛注入新的生机。如今，这些画家大多已成古人，然而“竹王”申石伽依然活跃于画坛。

申石伽 1906 年生于杭州的一个书画世家，从小受其当画家的祖父申宜轩影响，喜爱绘画，20 岁后潜心画竹数十年，终成画坛“竹王”。他的竹画在继承前人的传统时，技法上多有创新，他的“雨竹”，画面上烟雨蒙蒙，竹枝、竹叶顺风摇动，淡雅、幽远；他的“风竹”，下笔劲利，轻重吻合，竹叶的安排，反正俯仰，各有形势。再题上意味盎然的诗词，实在让观者赏心悦目。1940 年画家精心绘制的《万竿烟雨》巨幅，在上海展出时引起轰动，由此让他一举成名，赢得“竹王”桂冠。

大概是由于申石伽画竹盛誉遮掩了其山水画、花卉画的成就。其实，他的山水画更具有水墨清润，笔致潇洒，画面淡雅清秀的特点。如图的《山居图》是画家早年创作的代表作，全画构图完美，用笔干练利落：大山磐磐，迎面巍然耸立，主峰两侧；石峰如简、尖削凌云、坚韧不拔；中间白云缭绕，一道清泉飞泻而下；山下松树挺直，古朴苍劲；青枝绿叶的竹子，直竿凌云；小屋内坐着一个念书人，好像是画家自己的写照，深深表露出战乱年代他那种隐逸的情趣。

《山居图》创作于 1939 年，深受画家本人喜爱、长期陈列于书房内，无奈于战乱中散失，至今已近 60 年。不久前上海一位书画收藏者购得于冷肆，申石伽观后不胜感慨，又提笔写上一跋。此画已编入即将出版的《西泠石伽画集》月历，有兴趣的读者不妨到时欣赏一下。

作者与申石伽合影

（摘自 1998 年 9 月 9 日《新民晚报》）

“竹王”申石伽和他儿子

沈飞德

观当今中国画坛，子承父业，父子同呈辉煌的景象似不多见。在上海，“石伽画派”的创始人申石伽先生和他的两个儿子申小伽、申二迦，半个多世纪以来，共同耕耘，成就斐然，成为中国画坛一道独特的风景线。

今年93岁有“竹王”美誉的申石伽先生，以诗、书、画“三绝”享誉画坛，早在20世纪20年代就扬名上海画坛，他尤擅画竹，曾与齐白石之虾并雄画坛，创立的“石伽画派”对今天的画坛仍产生着深远的影响。

申石伽教子有方，在画坛有口皆碑。

50年前的1947年，中国美术界出版的一本颇有权威和影响的《中国美术年鉴》中，不仅收录了申石伽的传略及作品，而且还收录了他年仅22岁的长子申小伽和20岁的次子申二迦的传略及作品。申石伽一门风雅，父子兄弟三人同时载入“年鉴”，一时被传为画坛佳话。

50年后的今天，申石伽年过九旬，老而弥坚，艺术之树常青；申小伽和申二迦也都年届七旬，兄弟俩在国画艺术上各有建树，仍和父亲一样，活跃于沪上画坛，声誉卓著；而且，申石伽幼子申幼伽也工画人物，以舞台美术传誉西北。我从申小伽、申二迦兄弟所走过的艺术道路，可以清晰地看到，他俩在艺术上所取得的成就，除了靠自己的勤奋苦练，还得益于父亲独特的教育方法。

“我把孩子当朋友”

申石伽居住在上海西区一套二居室住房，按照上海人今天的居住水平和他的名望来看，显然是很不相称的。然而，在拥挤、局促的画室兼会客室里，申老拥坐满室飘香的翰墨，总显得怡然自得，不禁令人肃然起敬。

每次拜望申老，他总是亲自开门相迎，然后总是端坐在一把旧藤椅中，面带慈祥的微笑，谈古论今，给我留下了安祥、平静、谦和的印象。有一次，我问他是怎样教育孩子时，他先是笑眯眯地倾听着，淡淡一句“没有什么方法”令我大惑不解，但他接着又说：“我把孩子当朋友。”

中国漫长的封建社会推崇“君君、臣臣、父父、子子”的等级观念，申老的话，显然是有悖传统的道德观念。但申老有着自己的想法。众所周知，申老既是一位蜚声海内外的国画家，又是一位兢兢业业、桃李满天下的国画教育家。早在1932年他27岁时，因老师去世，他接替辅导老师的学生，从此走上了教画育人的道路。每当我请他回顾自己的艺术创作道路时，他总是谦称“我不是画家，我是一个教师”。他从事国画教育与众不同的方法就是把学生当朋友，即所谓“上课时是师生，走下讲坛，大家就是朋友了”。他把课堂里教育学生的方法，同样用来教育自己的孩子。他一再强调：“人与人之间是平等的，师生如此，父子亦然。所以，我把孩子当朋友。”

申老说，他把孩子当朋友，就是主张彼此平等，互相信任、尊重，不把自己的意志强加于人，而且，既然父子如友，朋友之间就常常需要交流感情和思想的。具体地说，就是根据孩子不同的人生阶段，采取循序渐进的教育方法。

万竿烟雨苍劲中

朱金晨

自古以来有魏晋风度的竹林七贤，极为文人推崇，常与因其风韵独好而被誉为国画中四君子之一的竹一样，也成为画家笔下宠爱的题材。海上画坛的丹青好手也常为它乐此不疲，个个都能画出新意。遗憾的是他们却偏偏忘了在我们身边也居住着这样一位当代的竹林贤士，他乃是笔名“西泠石伽”的申石伽老先生。

申先生的墨竹，早年就与齐白石之虾并雄画坛，日本报纸更有白蕉（松江人，别署复翁，擅行草书，尤善画兰）兰、野侯（杭州人，字欣木，以画梅著名，富收藏，榜其斋为“梅王阁”及“五百年画梅精舍”）梅、石伽竹三绝之誉。现今在画坛上更有“竹王”和“石伽竹派”之称。

申石伽画竹，是自文湖州、夏仲昭工笔入手，又曾有涉足于西湖云山竹林之间的一段经历，师法前人又造化自然，终于画出了属于他自己的竹子。无论是飘逸玉立的风竹，还是葱茏苍翠的雨竹，或是耐得严寒的雪竹，大凡各种生活在不同气候的竹子都能在画家笔下生动地活现出来。在中国一部浩浩荡荡的绘画史上，不知有多少名家喜爱绘竹，远的不说，近代著名的就有郑板桥，但却不见有像石伽先生这样的画法，将竹放在一个特殊的环境里描写。他画风中的竹子，笔墨不多，纸上枝叶顿见摇曳，让人感到风声四起；他画雨中的竹子，就那么两三枝叶，但却带着雨水冲洗后的清新与活力。于动势中凸现竹的力度、韧劲、刚性，这也就是石伽竹独到之处，既见功力，又有韵味，出神入化，令人叹为观止。早在1947年出版的《中国美术年鉴》中就有“石伽善画山水及竹，万竿烟雨苍劲饶有俊逸之气，功力之深，艺事之精，时下罕见”的记载。上海滩上老报人、有着“补白大王”美称的郑逸梅也曾在《艺苑花絮》中记载下这么一件轶闻趣事：说是某年上海当时的文史馆馆长江翊云来访，自己把家中藏有的多幅扇面给他赏玩，其中有石伽画的竹，水墨不设色，淡雅得很，让他看了爱不释手。过后，郑逸梅乃请石伽画了一柄送给江翊云，对方竟然视同瑰宝。由此郑先生十分感叹：“翊云因善画竹，石伽之竹获得内家真赏了。”连画竹的行家江翊云居然也迷倒在石伽的竹下，可见石伽画竹不是浪得虚名也。他画竹已达到了从有技巧到无技巧的游刃有余的一种至上境界了，诚如他在一幅画上题竹所云：“兴到笔随，笔到意生，有心手两意之境，岂半生苦炼金丹，自炉火中来耶！”他画竹也已到了一种如痴如醉的地步，甚至连他喜爱的孙儿小龙新婚，也是赠风竹一幅，但见疾风拂面，云影苍茫，风中一枝翩然起舞，另有一枝迎风长啸，题为“鸾凤和鸣”，竹在这里已被寓以更深的含义了，一枝一叶都赋予更多的想象。他不是在画竹，而是在与竹进行亲切的对话、热烈的对歌。

老先生一生究竟画过多少竹，是千竿？还是万竿？恐怕连他自己也说不清了。如果连成一片，足以组合成茫茫的看不到尽头的竹海，他爱画竹，当然是酷爱竹的一生虚心、竹的高风亮节、竹的不畏风雪。从他的一首小诗“最爱萧萧雨后听，风摧雾掩半帘青。只因小有书生气，化作筠笺墨风翎”就可看出，竹已成了石伽立身的气质与修养的自我写照。

当年，故乡被日军占领，他避居沪上卖画“自甘沦泊”之时，他写“十万图”山水以抒素志。在《万里风涛》画中题道：“劫火四围，欲归不得。心上回波，付诸毫楮，不觉风涛万里矣。”又在《万竿烟雨》画中落款："少时有竹坞山水之缘，不觉看山看竹，遂种此图。屈指翠袖迷离，烟烟雨雨二十年矣。砚北窗南，似此愁缘，将何以了。"又在《万山堆雪》画中借景抒怀，积雪终将融化，大地就快回春。这一本画册中所题字句都在诉说画家爱国的一腔沸腾的热血。抗战后期，申石伽与一群同仁志士在杭州、上海先后成立"小留青馆画会"。"留青"意即国家长存，永不会灭亡，表达了这位画家强烈的爱国之情。

在十年浩劫中，那些"造反派"诬陷他画的一幅朱砂竹是攻击共产党，审讯室里对他用尽酷刑，打得他死去活来，妄图压他屈服。申石伽不要说"认罪"，就是连头也绝不低下。当天带着一身伤痛回家的他，怀着一腔愤怒及仇恨，在宣纸上挥毫画就了一幅凌然正气的墨竹，并随手题上七绝一首："密室刑场命若丝，横眉难怨弄潮儿。多情泼我还魂水，今日依然画竹枝。"1976年，老人终于盼来了粉碎四害、结束内乱、国家复兴的大喜日子。他在一次春节联欢会上放怀高唱："八亿神州八亿力，百花齐放百家鸣。千红万紫迎春笔，浩荡人间步伐声。"这诗中的感情犹如火山喷发，唱出了劫后余生的中国知识分子的久压在心底的对祖国的衷心祝福。

朗朗乾坤，浩浩正气，申石伽先生的一生就是写好了这样一个"人"字，一个大写的"人"字。威武不能屈、富贵不能淫、贫贱不能移，在他的身上你会感受到优秀的中国知识分子的美德。

不要说在海上画坛，就是中国艺界，申石伽的资格、阅历、声名，都让人从来就不敢小看。他17岁就加入中国美术会，与中学学友叶浅予组织了中国美术会第一届杭州画展。当时，刘海粟、潘天寿、诸闻韵都有多幅作品送来参展。20岁，又组织西泠书画社，聚集了唐云、胡亚光、张炎夫、钱九鼎、王端等社友多达百余人。随后又至沪上，与张善孖、张大千、郑曼青等以"消寒画会"常聚一堂……然而有谁会料到，为人恬淡、自甘寂寞的他与夫人在上海愚园路上的老居，仅12平方米，住居了27年，还津津乐道为"六步诗楼"，真是个"在陋巷，人不堪其忧，回也不改其乐"。他的许多弟子每每提起老师的为人，总也会说起这样一件轶事：40年代末，石伽先生有一门生到了北京专程去看望齐白石，齐老问起跟谁在学画，答曰："西泠石伽。"齐白石拂髯赞道："西泠石伽是个书画全才的高手，跟着他你要好好学画。"并且托其传言将为石伽刻一方印，望日后彼此互通声气。申石伽闻讯深为感动，但直至50年代才有机缘北上北京，去齐府拜访时，又很是不巧，白石正在人民大会堂参加一个会议。处事素来为别人多作考虑的石伽，尽管好几天经过大会堂门口，也没有去惊动对方，翩然而返，至于那方印章早已忘在脑后了。谁知十年浩劫以后，一位香港古玩商人在一家古玩市场上发现此印，当即购下，又专程托人送到申石伽手里，抚今追昔，感慨不已！这段画坛佳话既说明白石的为人重情重艺，更显示了石伽的处世原则，别人盼不得能与白石有一段这样的奇遇，而他不卑不亢、不屈不尊，依然故我的平和、宁静。

申石伽先生在漫长的一生中，本来可能画出更多的竹，在绘画上取得更大的业绩，但由于他热心于国画教育，曾先后在上海京剧院、上海越剧院、上海工艺美术学校执教，可谓桃李满天下，因而占去了大量的时间。不少同道好友为之婉惜，凭他的才能与声望，致力教学太大材小用了，何况绘上几笔足可卖个大价钱……他却不以为然，教画能有利民族绘画后继有人，国画要繁荣创作，仅有几个画师是不够的，要努力培养新人。为了更好地激励后学，促进国画教育事业，他于1987年将自己的40幅国画精品展出后所得全部捐赠给上海工艺美术学校作为奖学金，此举震动了上海画界。

石伽先生的竹为人们所喜爱，正是在于他画出了竹来自寻常百姓家的平民风格，那一竿一竿

笔墨抒真情　丹青寄傲骨

——西泠石伽书画展于静安文化艺术交流中心举行

耿　石

以反映海上著名书画家申石伽书画艺术的《西泠石伽书画展》9月1日起至9月9日在北京西路1510号（常德路口）的静安文化艺术交流中心举行。

申石伽出生于杭州，故号“西泠石伽”，今年6月30日走完他96载的生涯，为自己80余年的艺术追求画上了句号。他的一生孜孜不倦地从事美术教育和创作，弟子逾三千，佳作传四方。他很早就形成了自己的独特书画风格，20世纪30年代出版了《申石伽山水扇册》、40年代刊行《石伽十万图山水画册》都在沪上引起不小的轰动。而90年代由上海人美出版的《山水画基础技法》一书成为美术爱好者的良师益友，不断加印至26万册之多。这次展览展出的近百幅作品，都来自申石伽先生亲属、学生、好友的珍藏，不仅有大幅山水画，还有石伽先生最擅长的松梅竹。“白蕉兰”、“石伽竹”，石伽先生画竹风格独特，在他笔下竹子表现出了强烈的感情色彩和精神，有“竹王”的赞誉，尤其是上海书画出版社《墨竹析览》一书，小结了他的画竹技法和艺术，也为人们留下了珍贵的实用教材。本次展览还特地开设了“石伽画竹主题馆”，通过文字和技法分解等方法介绍石伽先生的画竹艺术，同样也为美术爱好者提供学习条件。展览期间还将举行《西泠石伽书画集》首发式和西泠石伽艺术研讨会。

于静安文化艺术交流中心举行的申石伽书画展现场剪彩

笔墨抒真情　永留人世间

邵洛羊

9月1日，我参加了“西泠石伽书画展”开幕式，并代表上海书画界致词。

申石伽先生是上海书画界受人敬重的长者。对他，我一直心向往之，二十多年相识有过三次可述的接触：80年代初，我主持《中国美术辞典》笔政，曾趋府拜谒，请教纂编修辞书的要津，深蒙教益。90年代中期，中共上海市委领导见访，询问上海书画界由哪几位隐逸？我就所知介绍了，其中就有石伽先生。1998年底，上海市文史研究馆集“海上十老”向全国书画界祝贺新禧，申石伽先生居首，我撰《阳河日暖 人情物阜》一文刊于1999年1月4日天津的《中国书画报》上，内简介西泠石伽山水金碧水墨俱佳，擅写竹，工诗文，写得一手好字，淡泊名利，敝屣权贵，十余年不下楼……

他有首题《风竹》的诗：“风动？竹动？心动？笔动？似动非动，实无所动。”深有哲理禅境，读后心折。

西泠石伽，品藻高逸，画格潇洒有大气，名副其实的德艺双馨，清风今日逝去，而他的品格，他的艺术，却永驻风神。

（此文为作者于2001年9月1日“西泠石伽书画展”开幕式上的致辞）

邵洛羊在申石伽书画展现场发言

“西泠石伽书画”观后

管继平

目前，《西泠石伽书画展》正在北京西路的静安文化艺术交流中心举行，展出的百余幅申石伽先生的书画精品中，既有巨幅山水，也有尺页小品、扇面、对联书法，更有石伽先生最擅长的松竹梅，风格多样、气质高古，令书画爱好者大饱眼福。

申石伽先生是海上著名的书画大家，出生于杭州，抗战前住西湖西泠桥边的俞楼，因号“西泠石伽”。也许是得湖山之灵气，申老的画一直以清秀、淡雅的格调而享誉画坛，这和他的为人一样，虽然他学识渊博、才情出众，但却从不张扬，而是默默无闻地埋首诗词、倾心丹青。申老一生淡泊名利、虚怀若谷，熟悉他的朋友晚辈只要一提起申老的人品均啧啧称颂，一些同道的老友都说正是因石伽先生的人品好，所以他的诗品、画品也非常高，是所谓“笔下无俗尘”也。在作品展中，最吸引观者的是石伽先生所画的竹，风竹雨竹晴竹雪竹，或墨竹朱竹双钩竹等，无不气韵生动、形态各现，真正做到了意到则笔到，显示了先生细致入微的观察能力以及炉火纯青的艺术功力。画坛上素有“石伽竹”之名，石伽先生爱竹、画竹，其实竹那种虚心有节、宁折不变的特点与老人的品性是何等的相似呵！

值得一提的是：由上海人民美术出版社出版的精美大型画册《西泠石伽书画集》也同时在画展上推出。申老的生前忘年交、伴石居主人郑恩德先生为画册的出版倾注了多年的心血，并专门请了北京启功老的题签，与书画集相得益彰。画集收录了这次石伽书画展上的全部作品，是一本颇能全面反映申老书画艺术鉴赏的工具书。

（摘自 2001 年 9 月 5 日《上海家庭报》）

上海文史研究馆馆长徐福生接受郑恩德先生的赠书

高风亮节比竹梅

顾咪咪

石伽先生以九五高龄远行了。为了怀念这位画坛老人，市文史馆和静安区文化局举办“笔墨抒真情——申石伽作品回顾展”，让老人的艺术风采长留在人们心中。

石伽先生 11 岁开始习篆隶、画竹梅，圈圈点点颇有章法。后师从精通中西绘画并擅长书法的胡也衲。中学时就与刘海粟、潘天寿一同办展，与来楚生、邓散木、唐云等书画家等结社，每署名“西泠石伽”，是因为他生于杭州。先生擅画竹，洒脱自然，当年与白蕉兰、野侯梅并称为“三王”。1940 年，收藏名家叶熙春收藏了他的 10 幅山水画，并刊印了《石伽十万图山水画册》，一时声名远扬。以后他又创办“小留青馆”书画社，专事培养绘画人才。建国后，申石伽重拾教鞭，任上海工艺美术学校国画教师，默默耕耘了 20 多年，编绘了绘画基础教材的《山水画基础技法》，极负盛名，印数达 26 万册。陈从周先生称道：“石伽之艺，非以式囿人，而以法启人。”

晚年的申石伽依然畅游于绘画艺术世界。病魔的折磨并没有使他气馁，平和的心境使他的作品愈加空灵脱俗。他足不出户，家中不装电话，门上贴有“体弱多病，谢绝接见”的字牌，竭力与外界保持一种距离，让人们忘却他。他曾多次对好友说：“年轻时，要加倍努力争取成名成家，年纪大了，要把空间留给年轻人，做点自己喜欢的事。”他天天伏案作画，并编著出版了《墨竹析览》、《西泠石伽题画诗词》、《申石伽作品集》。

申石伽一生淡泊名利，荣辱不惊。当有人提起以前的好友如何名噪画市，他的轶事又出现于报端时，他一笑了之。生前，他把自己的稿酬捐献出来，在工艺美校设立了“石伽奖学金”，用以嘉奖优秀学生。

（摘自 2001 年 9 月 10 日《解放日报》）

书生本色申石伽

张强辛

申石伽先生一生不求闻达，淡泊名利，然而书生本色，爱憎分明。

1938年春天，杭州沦陷，石伽先生举家避居沪上，卖画为生，写“十万图”以抒夙志。此十图为著名收藏家叶熙春所得，其中《万里风涛》图题曰：“劫火四围，欲归不得，心上回波，付诸毫褚，不觉风涛万里矣。”又在《万竿烟雨》图落款中写道：“少时有竹坞山水之缘，不觉看山看竹，遂种此图，屈指翠袖迷离，烟烟雨雨二十年矣，砚北窗南，似此愁缘，将何以了。”他在《万山堆雪》图中借景抒怀，喻示积雪终将融化，大地将要回春。在新闸路开馆授徒，名为“小留青馆”，留青者国永不亡，表达其强烈的民族感情。

石伽先生以画品人品素为人称道。当年八路军上海办事处有一工作人员（系石伽学生）向周恩来介绍申石伽，引起周恩来的注意。大约在1953年，周总理来沪，顺道去看望申石伽，不巧石伽去了杭州。周总理询问到石伽在杭州的地址后，给申石伽汇去100元，以示慰问。“文革”期间，法国总统蓬皮杜访华，周总理在锦江饭店接见厅点名要申石伽画一幅六尺整张的“旭日东升图”送蓬皮杜总统，嘱咐由当时锦江饭店负责人办好此事。石伽先生生前从不与人谈及这些往事。

1987年夏，石伽先生将其四十件作品在展览中心展览义卖，所得4万元外汇人民币悉数捐赠上海工艺美术学校作奖学金。有关部门不了解实情，坚持要申石伽将卖画收入交纳个人所得税。先生一介书生，不知所措。我去拜访，只见他连连顿足，叹曰：“怎么弄才好啊！”迫于无奈，他举笔上书时任上海市长的朱镕基。朱镕基为此两次作了指示，事情才了结。后来，朱镕基又指示：老先生赤诚支持教育的精神值得推广。朱镕基出访日本前请申石伽去外办赴宴，申老师托我向朱市长当面致歉，因年迈体衰不便出席，并将近作一件交给他作礼品。

石伽先生生前一再宣称：我不是画家，仅是一名教师。他说：“教画比卖画难。国画创作要繁荣，仅有几名画师是不够的，要培养新人，我愿意学生超过我。”在七十余载的丹青生涯中，他因材施教，桃李满天下，启迪学生走自己的画路。即便在“文革”浩劫中，仍不失幽默之情。先生从“牛棚”放出回家。看管“牛棚”的红卫兵学生要求申老师画幅墨竹，先生题诗：“画幅墨竹送牧童。”意喻我是老牛你是牧童，甚是苦涩相得。红卫兵大叫：“老朽滚蛋！”申石伽辩护道：“朽木不可雕，但还可以烧。”意谓老朽还是有点用处，可以物尽其用。

国庆十周年，石伽画朱砂竹以示喜庆。“文革”中造反队捕风捉影，依据古人“喜画兰怒画竹”的口诀，诬陷申石伽对共产党怒气冲冲，以画竹影射，拳脚相加地要他低头认罪。石伽先生怀着满腔悲愤，忍着伤痛挥毫画一幅墨竹，随手题七绝一首：“密室刑场命若丝，横眉难怨弄潮儿。多情泼我还魂水，今日依然画竹枝。”正气凛然，威武不屈。

“四凶”覆灭，云开日出，先生放怀高歌：“八亿神州八亿力，百花齐放百家鸣。千红万紫迎春笔，浩荡人间步伐声。”诗兴勃发，画兴益浓，放怀走笔写下大量诗词和画作。尤其是连续画青绿金碧山水及朱竹、竹松，件件都能感受到先生抑制不住的喜悦，把个人命运与国家民族紧紧相联。

石伽先生与齐白石从未谋面，却神交已久。1987年，石伽已八旬有二。他突然收到香港收藏家刘少旅来信，其中夹着印着一方运刀遒劲的朱红色申石伽刻章用笺，落款说明是：齐白石刻百余方牛角冻石，石伽不觉惘然，往事涌上心头。1947年，石伽有一弟子居京师，偶尔去看望齐白石。齐问："你跟谁学画？"答："西泠石伽。"齐点头说："西泠石伽是画坛高手，书画全才，跟着他要好好学。"并嘱咐回沪之前来取一件礼物，带给石伽先生，望日后彼此通信，切磋艺术。后来弟子蒙冤戴了"右派"帽子发配南京去他乡，失去音讯，而石伽只知道齐白石为他刻了一方名章，但从未看到过。谁知何年何月流入香港，刘少旅在古玩市场购下此印，又专程托人送到沪上申石伽手中。石伽作一画贻赠答谢。不料此石近年又被去申寓看画者摸走。石伽先生每谈及此印与齐白石的翰墨因缘以及失而复得、得而复失，感慨不已。

石伽先生丹青生涯代表作为"十万图"。1938年由叶熙春收藏，后经十年浩劫已不知去向。叶先生为之痛心疾首，重病之际反复叮嘱其子：一定要设法找回原作。"文革"结束，叶清江先生在苏州电视台执导，遵父命出入书市和古玩市场，不复寻见原作，然而却在上海找到了石伽先生。石伽感慨万千，不顾坐八望九的高龄，决意在原作问世五十余年后再复制"十万图"。台北皇冠艺术中心为此在90年代初举行西泠石伽绘画展，蒋纬国先生慕名购入石伽梅花图一件，并赠送一枚台北梅花协会定制的梅花表到上海交申老，以示敬佩之意。皇冠中心精印《申石伽作品集》发行刊世。非常遗憾的是，自台北展出后，石伽晚年50余件作品从此不知去向。

1993年春，八八高龄的石伽老人不甘"十万图"两度迷失，闭门谢客，伏案苦思，历时半年整，终于重现"十万图"于毫端。历经半个世纪多的跌宕起伏，不仅使后人一睹石伽艺术风采，而且见画如见其人。"人间尽有悲欢事，付与风烟幻化来。""只因历劫千般苦，世态人情逆处看。"石伽先生其人其诗其画其书，活泼清丽，纯任性灵，立意遣词，迥出尘表。陈从周先生曾为之题词"两袖清风人瘦于竹"，一如先生风骨和艺术。尤其在晚年，他二十年间不出门，不应酬，沉浸于书画，多作画多研求，养生养艺，物我两忘，人与艺俱臻化境，足为吾侪楷模。

（摘自2001年第12期《上海滩》）

申石伽画竹

“西泠石伽”书画今起展出

郑于康

著名画家申石伽书画展今日起在浙江省博物馆同观众见面。

申石伽先生 1906 年出生于杭州，其祖父是晚清著名山水画家申宜轩。早年他曾与同学叶浅予组织了中国美术会第一届杭州画展，同好刘海粟、潘天寿等都有作品参加；与老师王潜楼发起成立“西泠书画社”，广纳唐云、胡亚光、王端等社友百余人，从此申石伽的画作上署名“西泠石伽”。

西泠石伽的书画作品超脱而复深厚，尤以画竹扬名画坛。他晚年谢绝一切应酬，十五载不下楼，闭门看书研画，佳作迭出。

（摘自 2002 年 3 月 6 日《浙江日报》）

在浙江省博物馆举行的申石伽书画展开幕剪彩现场

西泠石伽：高洁、挚诚

蒋 璐

3 月 6 日，“西泠石伽书画展”将在西湖西泠桥畔的浙江博物馆举办，申石伽先生百年之后终于回故乡了。申先生是当代中国画坛巨擘，浙江文史馆名誉馆员。齐白石早在 1947 年就说：“西泠石伽是画坛高手，书画全才。”由于西泠石伽长年寓居上海，并清心寡欲杜门作画，所以杭州乡亲反倒不甚了解他了。

这里略举数端，以窥观西泠石伽先生之人生。

湖畔从名师

申石伽生于杭州西湖六桥三竺间，由于祖父申宜轩是晚清著名山水画家，他自幼生活在浓厚的传统文化氛围中。他 3 岁读《四书》，11 岁习书画篆刻，14 岁作诗填词，并拜师俞陛云（俞平伯之父），成为西泠桥畔俞楼的入室弟子。

申石伽 16 岁考入两淮盐务中学后，又师从精通中西绘画、更擅长书法的胡也衲。以后成为艺术、建筑大家的叶浅予、陈从周都是他当年中学的同学至好。1923 年，他与叶浅予组织中国美术会第一届杭州画展，结识来参加画展的刘海粟、潘天寿诸青年俊彦。他又与老师王潜楼（慈禧太后的代笔画师）发起组织“西泠书画社”，结交唐云、胡亚光、王瑞、张炎夫诸社友，一时声名远播大江南北。

杭州日報

2002年3月7日 星期四 农历壬午年正月廿四 HANGZHOU DAILY 今日十六版

第16758号 国内统一刊号:CN33-0002

市区天气预报 今天白天到夜里晴到多云，偏南风 2~3 级。今天白天最高温度 16~17 摄氏度，明天早晨最低温度 4~5 摄氏度。

杭州日報

文化新闻

【今日视线·看点】

“竹王”风采 长留故里

通讯员 高金声 记者 王夏斐

以前的中国画坛上有过许多画技出众的“画王”，比如“虾王”齐白石、“虎王”张善孖、“马王”徐悲鸿、“猫王”曹克家和“竹王”申石伽等等，他们的出现不断地给中国的画坛注入了生机。昨日，“西泠石伽书画展”在浙江省博物馆的开幕，使得“竹王”申石伽的百余幅代表性力作有机会与杭城市民见面。

申石伽先生曾为上海市文史研究馆馆员、浙江省文史研究馆馆员，他是著名的国画家和美术教育家。去年6月，“竹王”申石伽先生以95岁高龄辞世，生前惟一的遗憾就是没有在老家杭州办过画展。为怀念这位画坛老人及同乡，浙江省委宣传部、省文化厅和省文史研究馆等单位联合筹备了这次画展，也好让“竹王”的艺术风采长留在人们心中。

据悉，此次画展将持续到本月10日。

■关于申石伽

申石伽先生于1906年3月6日出生在杭州，祖父是晚清著名的山水画家申宜……

典文学和书画篆刻，曾因聪明伶俐而被俞平伯之父收为弟子。16岁考入两淮盐务中学，师从精通中国绘画并擅长书法的胡也衲先生，次年加入中国美术会，并与叶浅予组织了中国美术会第一届杭州画展。不久之后，申石伽又与王师友一起组织“西泠书画社”，得到广泛呼应，集纳社友一百多名。而申石伽的画作上也从此署名为“西泠石伽”。

申石伽画艺炉火纯青，梅兰菊竹，各有千秋。而画竹更是石伽先生扬名画坛之所长。因他少年时代常常涉足于西湖云栖竹林之间，为翠竹所迷，所以使师法古人，潜心画竹，画技得以大大提高。豪放洒脱，浑厚淋漓，饱满苍劲，是其画竹的最大特点。1940年他的力作《万竿烟雨》巨幅在上海展览和出版后，轰动一时，从而赢得了画坛“竹王”和“石伽竹派”的美称。

解放后，申石伽先后在上海京剧院和上海越剧院任教，并参加建立了上海工艺美术学校，培养了一批又一批的艺术青年。他晚年致力于山水画技法基础知识编写工……

水画基础技法》，使初学者对如何运笔、用墨一目了然，被美术教育界誉为“当代《芥子园画谱》”。

《杭州日报》刊登“‘竹王’风采长留故里”

海上集雅士

1926 年，20 岁的申石伽携画作《芦塘聚雁图》长卷到上海，参加全国美术展览，获得广泛好评。借此机会，他观摩了诸多收藏大家所藏宋、元名画精品，揣摩吸收，师古融己，对画家今后的艺术道路有莫大的帮助。从此以后，他的作品为上海戏鸿堂、九华堂、荣宝斋、朵云轩等知名书画行所承认，逐渐在书画名家、收藏家、鉴赏家云集的大上海站住脚。不久，申石伽加入很具权威性的“中国画会”。他还和张善孖、张大千以及马骀、郑曼青、孙雪泥等画界同仁发起“消寒画会”社团，以“研究发扬中国书画艺术”。接着，他与摄影家郎静山、画家叶浅予等创办“中国美术刊行社”，出版《申石伽山水扇册》，引得名噪一时的言情小说家徐枕亚的共鸣，两人结为知己。

申石伽定居上海是1938年春。当时杭州已沦于日本侵略军铁蹄下，他举家迁沪避难，从此以鬻画为生。

孤岛“十万图”

生活在上海租界——“孤岛”里的中国人，以各种方式开展抗日救亡活动。申石伽用自己的画笔，满腔热血地创作大量作品，应征义卖，郭沫若为之书题，有云“别妇抛雏断藕丝，登舟三日见旌旗”。

当时，申石伽已进入艺术的成熟期，笔端无处不流露出对苦难中挣扎的民族的无限深情。他应上海名医、名收藏家叶熙春之请，创作“十万图”，其10幅山水图卷幅幅紧扣时代风云，抒发因为战祸有家不得归的忧怀。如《万里风涛》图题云：“劫火四围，欲归不得，心上回波，付诸毫楮，不觉风涛万里矣！”又如《万竿烟雨》图题曰：“少时有竹坞山水之缘，不觉看山看竹，遂种此图。屈指翠袖迷离，烟烟雨雨二十年矣，砚北窗南，似此愁缘，将何以了！”申石伽因此图在沪上获“竹王”之誉，行家评他的竹“有吴镇的不拘绳墨，老笔纷披；有石涛的豪放洒脱，浑厚淋漓；有李方膺的饱满苍劲，铁骨铮铮。他师古人，但不落窠臼”。

“十万图”是申石伽的精血之作，经叶熙春协助，《石伽十万图山水画册》得以印行，一时名声大振，大有洛阳纸贵之势。原作为叶氏收藏，后失落于“文革”浩劫中。半个多世纪后，西泠石伽已入耄耋之年，对“十万图”湮没一事仍耿耿于怀，于1993年春闭门谢客，搜忆构思，“人间尽有悲欢事，付与风烟幻化来”，经半年多努力，终于再现了“万柳藏春”、“万壑争流”、“万里风涛”、“万竿烟雨”、“万松云起”、“万树秋声”、“万山堆雪”……“十万”山水之千姿百态，这是改革开放、太平盛世之时势给老画家注入了艺术活力之故，也体现了西泠石伽的艺术功力已达登峰造极之境界。

（摘自2002年第5期《情系中华》）

怀念伽兄

朱 泠

解放初期文化局成立上海美术工作者协会，由白蕉同志联系几个国画小组，我们组长是张炎夫、厉国香，组员为王个簃、黄幻吾、谢之光，申石伽、郑慕康、曹简楼、李石泉与我，定期在英华幻吾家召开创作研究会，对每个人作品，提出改进意见。特别是谢之光，出语幽默风趣，谢对石伽先生，爱称伽兄，以后大家仿称之。记得有一次去苏州写生，我与伽兄同住，一路为伴，无话不谈，伽兄的山水、墨竹幽雅生动，造型灵妙，对绘事经验丰富，使我得益匪浅。这次写生同住者有唐云、江寒汀、贺天健等诸公。他们晚上饮酒，挑灯作画。我与伽兄则早睡。除了定期创作外，王个簃先生又相约多次笔会，共同探讨艺事，参加者有石伽、曹简楼与我。地点在曹府与申府。后来“文化革命”等政治变化，就暂停活动。拨乱反正后，因怀念伽兄，去中实新村，见伽兄搬入亭子间，相见大喜，谈及浩劫中忍受苦难，令人发指，而伽兄一笑置之，谈及禅理，伽兄见地非凡，即席挥毫画竹，题曰：“甲子三月下瀚泠兄见访六步楼喜而写此即请指教七十九叟西泠石伽。”后伽兄迁新居后，曾续访三次，入理深谈并论画谈艺，启发颇多。

（摘自 2002 年 8 月 5 日《上海文史》）

申石伽赠与朱泠风竹图

江山有风竹

郑恩德

1906年3月6日申石伽诞生于浙江杭州书画世家，11岁即习书画篆刻。1923年加入中国美术会，并与叶浅予共同组织中国美术会第一届杭州画会，当时刘海粟、潘天寿都有作品参展，画展颇有影响。当年申石伽又发起组织了以后极有影响的“西泠书画社”，集纳一百多位较有影响的画家，如胡亚光、唐云、王瑞，都是当时社员。从此申石伽以“西泠石伽”署名于作品上。1926年全国美术大展在上海举行，21岁的申石伽携带“芦塘聚雁图”长卷参展，惊动上海画坛。从此在上海求他作品人大增，申石伽名声显露上海。著名摄影家郎静山和著名画家叶浅予为他出第一本画册《申石伽山水扇册》。

1940年又出版了《申石伽十万图山水画册》。1945年在沪杭相继成立了“小留青馆”书画社，从学者有百余人。新中国成立后申老参加建立上海工艺美术学校，自任国画讲师，并于1979年将自己多年教画经验绘编成册，由上海人民美术出版社出版题名为《山水画基础技法》，印量达28万册左右。

申老是位德高望重的著名书画家、美术教育家，耄耋之年决然闭门谢客，十五年间足不出户，埋首史书，沉吟古诗，倾心丹青。此时我是申家常客，蒙允拜见，观赏图画，聆听教诲受益匪浅。我乔迁新居时，申老赠我一屏斋名“伴石居”，并题上“西泠一石心相契，喜订忘年书画缘”，申老讲：“您不是我学生，但是我忘年交的好朋友，故我在斋名上写此句话。”这十四个字真使我受宠若惊！我对申老讲：“我有您老很多佳作，想出您的作品集同意吗？”申老讲：“解放后在国内我没有出过画册，您帮我出当然同意，但出画册要注意三点：一不要俗气，二不要霸气，三不要江湖气，要有书卷气。解放前的作品要我看过题字后再放进画册。”我说好。为此我去了北京找到启功先生，将出申老画册意向告诉他，启功听后非常高兴，当即拿起笔写了题签“西泠石伽书画集”送给我。我怀着激动心情回到上海交给申老看。申老也交给我一幅专为画册上用的手卷“江山秋尽图”，上有题诗一首“山色本无色，江声非有声，难抛文字障，泼墨到深更”，西泠石伽时年94岁。

江山有风竹

（摘自2006年3月16日《新民晚报》）

《西泠石伽书画展》在上海文史馆举行

徐建恒

2009 年 2 月 11 日至 15 日，由我馆和上海诗词学会、上海海派书画院联合主办的已故馆员，以画竹闻名海上画坛的新海派第一代画家申石伽先生《西泠石伽书画展》，在我馆馆员活动楼展厅举行，本次展览共展出 90 余幅作品，涵盖了申老二十多岁到九十多岁的各个时期的山水画和松竹梅兰等题材的作品，画中有诗，诗中有画，让 2009 年的第一波春意显得格外浓厚。老一代艺术家丰富的学养与精湛的笔墨功力，吸引着众多爱好传统艺术的参加者，使得今年我馆举办的第一场画展犹如一缕和煦春风，荡漾在每位观众的心头。

申老的画一如其人，儒雅，宁静，柔美中透出坚贞高尚的人格魅力。他笔下的竹子挺直不屈，似谦谦君子昂首独立。曾是浙江省文史研究馆名誉馆员的石伽先生于 1987 年又被聘为上海市文史研究馆馆员。晚年，他身居闹市却远离尘嚣，成了一位“大隐”者，终日以诗书为伴，与画笔做友，怡情养性，陶冶心灵。洁身自好却心系天下，视名利如粪土又爱心涌动，将自己创作的画一次次拿出来义卖后全部捐给学校设立“石伽奖学金”，为培养后学尽其所能。成名甚早的石伽先生与唐云、张大壮有“画坛三侠”之誉。他们都是当代海派书画家的代表人物。于是便有了一位年轻的母亲带着女儿连续四次前来观摩画展，自觉接受高尚艺术熏陶的一幕。虽然没有鲜花与掌声，没有隆重的仪式，一切是那么自然与简朴，申老的艺术依然赢得人们应有的尊重，这就是中国文化“和”之所在。

（摘自《文史简讯》）

2009 年“西泠石伽书画展”在上海文史研究馆举行

西泠石伽书画展上郑恩德先生为文史馆赠书，馆长吴孟庆受赠

一幅《山居图》结下忘年交

华振鹤

今年是著名书画家、美术教育家和诗人申石伽先生诞生103周年。上海辞书出版社出版了《西泠石伽题画诗词集》一书，西泠石伽书画展也即将在上海文史研究馆举行。近日，我走访了诗词集主编之一暨画展策划人郑恩德先生。郑先生是位收藏鉴赏家，也是申老晚年最信任的忘年交。访谈中，他讲述了与申老之间不少动人的故事。

申石伽，别署西泠石伽，室名六步诗楼，浙江杭州人。长期从事国画创作和美术教育。曾从清末宫廷画师王仁治习山水，又是著名诗人俞陛云先生高足。传统功力深厚，山水画水墨、青绿皆工，笔致潇洒。尤擅画竹，物象与情趣并重，骨力苍秀，富生机，多动感，别具风格。喜作题画诗词，活泼清丽，纯任性情，立意遣词，迥出尘表，使诗与画双璧合一，熠熠生辉。新中国建立后长期执教于上海工艺美校，谦抑恬淡，甘于寂寞。晚年更是足不出户，悉心研究画艺，是上海市文史研究馆馆员，浙江省文史研究馆名誉馆员。

申老与恩德结为忘年交，始于一张遗失了58年的国画《山居图》。1939年，申老作此画时，年方33岁，全画构图完美，笔墨精到，神完气足，画的右上方题有“细草孤云斜日，小园曲径疏篱”等字，还盖上由邓散木篆刻的印章。他十分喜爱这张画，一直挂在书房里，不时观赏。然而，在战乱频仍的年代，此画却不知了去向，令他惋惜不已。

孰料，到了20世纪90年代，郑恩德忽然来到上海兴国路申家，说是在冷摊购得申老的旧画一帧，请求题字。申老展开一看，居然就是失落了58年的《山居图》！他惊喜交加，当即吮笔舔墨，在画的左上方题曰：“此五十八年前所写山水。时故乡沦陷，独客沪上，以鬻画为生涯，屈指半世纪前事矣。流水韶光催人白发，展图不胜感慨系之。丙子四月，西泠石伽时年九十一。”题毕，还特地找出当年使用的邓散木所刻印章，再次钤盖。

从此，两人交往更加密切起来。35岁的年龄差距，并没有妨碍他们成为相交相知的好友。申老为恩德乔迁的新居题写了斋名“伴石居”，并诗二句：“西泠一石心相契，喜订忘年书画缘。”恩德倾心于石伽的人品、画品，搜求其画甚力；申老有感于恩德的知遇，有一次竟以自己旧用的八方名家所刻印章相赠，包括“无声之诗”、“广开风气不为师”、“石伽写华山小品”等闲章。彼此之间早已超越了画家与收藏家的关系，而奉为了志同道合的知己。2001年，由恩德助资，启功先生题签，上海人民美术出版社出版了《西泠石伽书画集》。申老拿到清样稿，十分满意。可惜未及等到正式出版，6月30日便与世长辞了。

两人情谊并未因申老去世而中断。三个月后，恩德在静安区文化馆举办西泠石伽书画展，次年3月，又到杭州的浙江省博物馆举办，各展出遗作100多幅。说到这里，恩德动情地告诉我，当年申老在世时，他曾许过诺言，不但要出画集，还要出一本题画诗词集。“时间一晃几年过去了，《西泠石伽题画诗词集》今天得以与读者见面。我也总算兑现了自己的承诺，可以对得起申老的在天之灵了。”

（摘自2009年2月7日《新民晚报》）

《岁朝清供》庆春节 石伽师生留合笔

华振鹤

春节来临了。这是炎黄子孙最为欢快的节日，他们通过各种方式来寄寓自己对富贵平安和美好生活的向往。绘制、悬挂岁朝图便是其中之一。

岁朝，指农历正月初一。据查，画岁朝图的习俗始于宋代宫廷，到清末民初已经在民间盛行。画作者上至皇帝、大臣，下至一般文人或画家，内容多为牡丹、水仙、香橼、宝瓶、蝙蝠等“讨口彩”之物。当年的乾隆帝，后来的吴昌硕、王一亭等人都曾画过不错的岁朝图。最近，笔者在收藏家郑恩德先生处看到一幅《岁朝清供》，乃已故著名画家申石伽及其家人申小伽、申二迦，学生项养和合画。

这幅《岁朝清供》，纵 101 厘米，横 33 厘米。图中，石伽画红烛、泥偶、盆果，形象生动，尤其那烛光，似在风中闪烁，极具动感。次子二迦（字霜青）在泥偶侧畔添上爆竹、青黍（即粽子），增加了喜庆气氛。石伽最得意的女弟子项养和画水仙、牡丹，花重叶茂，红艳动人。长子申小伽补上一只古色古香的宝瓶来插牡丹，并题款：“岁朝清供。丙戌仲冬月西泠小伽补瓷瓶并瑑（瑑通篆）。”又钤盖了自己篆刻的闲章“春到人间”。虽然由 4 人合作画成，却显得工整停匀、整体平衡。

申石伽，别署西泠石伽，原籍杭州，定居上海。他继承祖父画艺，诗书画俱佳，尤擅山水和竹；曾与女弟子、杭州名媛项养和合编《历代诗词韵语选》凡 130 余万字，可惜未及付梓即毁于“文革”。石伽先生又是优秀的美术教育家，不但把小伽、二迦培养成著名画家，20 世纪 30 年代末还在沪杭两地组织弟子成立“小留青馆”，作为教学、创作机构，分别由项养和申二迦主持。“小留青馆”弟子都以“青”字排辈，如二迦字霜青，两个媳妇，也是“小留青馆画会”弟子，故名莎青、蕴青等。

石伽为人正直，富有爱国情怀。抗战期间，他创作的不少诗画作品，都表达出一种祖国沦丧之痛。1939 年正是日军铁蹄横扫，祖国沦落近半的时候。石伽先生创作了十幅著名山水画（时人合称“十万图”），其中的《万峰行旅》的题画诗有句云：“……今也万方多难，万骑西行，万里哀鸿。同兹浩劫，不禁感慨系之。”在同年创作的另一幅山水画中，其题画诗也有“山河遍劫火，何处可携筇”之句。可见当时石伽先生的心情是十分抑郁的。所以，1945 年抗战胜利消息传来，令他兴奋异常。他回到杭州老家，画成巨幅红梅，并作七律一首，诗的题目为《抗战胜利，归杭度岁，喜写红梅大幅以感怀，即景七律补白》，又命精于篆刻的小伽作“春到人间”印章一方留念。转眼一年过去，在 1947 年春节将临之时，趁着家人、学生团聚之际，石伽他们兴致勃勃地合作画就了这幅《岁朝清供》。

《岁朝清供》

（摘自 2010 年 2 月 13 日《新民晚报》）

德张罗出版《西泠石伽题画诗词集》嘱我作序。恩德把尽可能搜集得到的石伽先生题画诗词附有手迹原稿，给我过目，这些诗词多数来自他的藏画中，有的是石伽墨迹、手牍，读来令人感叹。诗词的艺术价值由诗人田遨作分析，我只是觉得诗言志，画传形，好画题好诗，双璧合一，让人耐读耐看。恩德又为发扬艺术做了件很有意义的工作。我相信这本《西泠石伽题画诗词集》，一定会受到艺术界朋友的欢迎。

原上海文史研究馆两位馆长王国忠与吴孟庆合影

《西泠石伽题画诗词集》序（二）

吴孟庆

在上海文史研究馆书画馆员中，有不少诗书画印兼擅者，申石伽是代表性的一位。他与老一辈书画家有大体相同的人生轨迹，又有着不同寻常的业绩。

他家学渊源，三岁启蒙即诵读四书，学习诗词。十二岁习篆隶、刻印、绘画，箕裘相继，自成章法。十七岁时加入中国美术会，并在当年与叶浅予共同组织中国美术会第一届杭州画展，参展同道中有刘海粟、潘天寿、张善孖、张大千等，而当时申石伽年龄最小。二十岁时参与组织“西泠书画社”，当时社员有 100 多位，唐云、胡亚光、王瑞等艺坛名家都是社员。

二十一岁（1926 年）时由郎静山、叶浅予创办的中国美术刊行社为其出版《申石伽山水扇册》。他的画受到画艺界重视。1940 年，著名老中医叶熙春以自己收藏的十幅申石伽的山水精品出版《石伽十万图山水画册》，被艺苑奉为传统山水画的圭臬。“西泠石伽”声名大振。同年他的巨幅力作《万竿烟雨》在上海展览，轰动一时，从而赢得画坛“竹王”称号。至 20 世纪 90 年代初，他的一批竹画在台湾展出，被当地艺术界誉为不可多得的“国家级”精品。

申石伽不仅是蜚声海内外的国画家，而且是桃李满天下的教育家。早在 20 世纪 20 年代，他就开始了教书育人的生涯。解放后继续执教，“甘为教学终吾生”，并且希望“青出于蓝更胜蓝”。他积多年教学经验编绘的《山水画基础技法》一书，重版七次，印数达 30 万册。82 岁时又积平生画竹的体验，编绘了《墨竹析览》一书，收录自己的墨竹代表作 31 幅，继承和发展传统技法，影响遍及海内外。1987 年，他将举办画展义卖所得设立“石伽奖学金”，激励学生努力学习。

书画创作，实际上也有一个“道”与“器”的问题。形而上者谓之“道”，道是指导思想、意识形态，即哲学、文学、美学、信仰等层面的东西；形而下者谓之“器”，器指形象，是器物的、物化的东西。二者有上下之分，却无轻重之别。东晋顾恺之总结人物画形神关系的经验，主张“以形写神”，即以写形为手段，达到写神的目的。唐宋以后，随着文人画的兴起，评判标准更注重“神似”，注重“气韵生动”。说明中国画发展到更注重理念、个性的阶段，强调“取法乎上”、“中得心源”。这里的“神似”、“气韵”等可以看作“形上”，它与所谓“形下”即写实、形似是密切联系在一起的。申石伽的画之所以受到读者喜爱，藏家青睐，与其既具绘画的扎实功力，又具有较高深的传统文化底蕴分不开。石伽从小熟读经书、研习诗词，还学过佛学。作为画家对诗意的领悟，或诗人对画作的评判，都能“得大自在”。既以形写意，又以意写形，达到形神兼备、物我交融。这是一般画工或一般文人难以企及的境界。

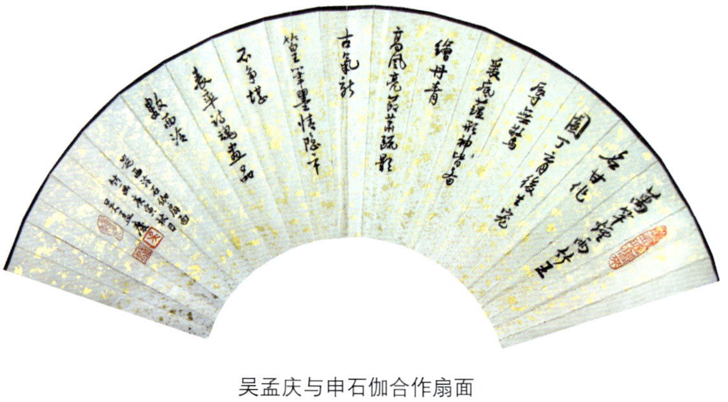

吴孟庆与申石伽合作扇面

他还家里特地连空调也不用，电话也不装，这在当今社会上，除了少数经济条件不允许者之外，可谓绝无仅有。也正因为有着这种远离尘俗的淡然之志，所以申老作画，更加是远离经济的功利，从而使他的画面随处都出落得清气飘然，清人骨髓，这真如他作诗自述的那样："已穷笔墨趣，更臻山川美。何必换黄金，争得人憔悴。"

"壁立千仞，无欲则刚"，别以为申老远离尘世，淡然如陶渊明，可是陶渊明也还有着"刑天舞干戚，猛志固常在"的一面。由此，从淡荡中来，申老做人，有时却又不乏风骨凛然的气概，与古代的陶渊明后先相辉，我们且看他的题画竹诗；"墨饱心宽自在身，滃然几笔复天真。一枝大竹通霄汉，塑个顶天立地人。"我们读申老画，不管画石画竹画梅花，还是画松画月画山水，要是进而领略到了如此境界，如此意趣，也就真正进入到了申老的画中三昧了。

申石伽晚年在家

西泠石伽题画诗词集引

周退密

以诗题画，不知起于何时，唐杜甫有“题李尊师松树障子歌”七言古风，其为题画诗之滥觞欤？厥后宋苏轼有“题文湖州竹枝卷”五言古诗，黄庭坚有“题隋展子虔画”之七言绝句，元王冕有自题梅花诸诗：盖画者多属文人，娴于诗词，画余题诗，蔚成风气，如明之文、唐，清之石涛、八怪。或见诸画幅，或见于著录，斑斑可考，更仆难数。

西泠石伽前辈以三绝名世达八十载，当其童年，已习倚声，旋从德清俞陛云先生游，清词丽句久为世所传诵。当其心境开豁、笔墨酣畅之际，几乎每画必题，每题必佳。使诗与景会，相得益彰，令观者悠然神往，如坐卧于真山真水之间。技进乎道，优入圣域，夐乎远矣。

吾友郑恩德先生为石伽前辈之挚友，于前辈之作，情有独钟，收藏其画，佳作甚富。曾为之举办画展，影印画册。客岁二零零八年又为之刊印《西泠石伽题画诗词集》，使前辈三绝之流风遗韵得以普及艺林，厥功甚伟。今恩德意犹未足，又取前书中之诗词辑为专帙，付诸剞劂，以嘉惠来学，使之家弦户诵，洵今日诗苑之又一盛事也。

退密硁硁小儒，学行无似，昔年猥以同馆后进，曾承前辈传语友人邀往谈艺，会屡以事阻，以致始终未获一面，引为平生憾事。今承恩德之嘱，构此小引，不觉悲喜交集，悲夫人琴俱亡，九原不作；喜夫藉此芜辞，得以沟通梦魂，恍若与前辈相与谈艺，亲聆謦欬，焚香读画，此乐融融，失之于畴曩而收之于此顷也。是为引。

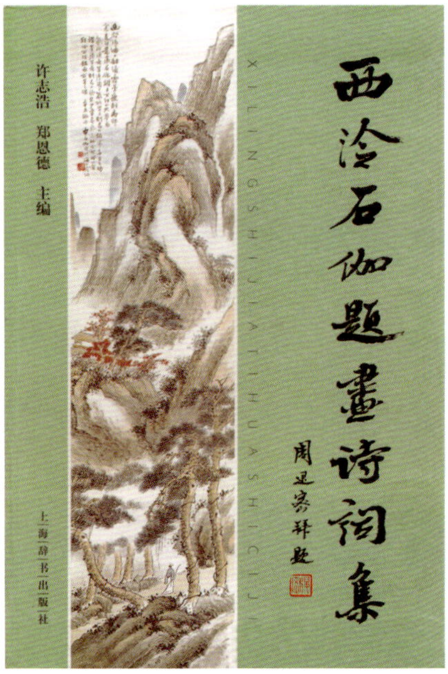

《西泠石伽题画诗词集》的封面

第二辑

【西泠石伽题画诗词】

绝 句

（一）

苍苍拓奇境，落落无人踪。心羡洪谷子，手写神钲松。

（二）

清阴布窠石，飞瀑回盘陀。安得谢世事，筑庐松下坡。

（三）

披襟涤烦闷，相奕罢言说。惟见云脚下，潺潺卷飞雪。

——己巳（1929）秋山水图赠湖涵*先生题五言绝句三首

*湖涵即刘安溥（1891~1974），字和盏，号湖涵，浙江湖州南浔人。早年在上海从事房地产和钱业投资，成就卓然。嗜喜收藏金石书画，曾在杭州西湖边筑“小方壶别墅”，专门陈放各类艺术品。

清风来碉户，春色长莓苔。筑室西峰下，山花昨夜开。

——甲戌（1934）五月山水图

草木皆太古，岩壑无阴晴。门外数畦谷，山水自种耕。

——甲戌（1934）成扇

千花昼如锦，群峭碧摩天。绿水绕飞阁，参差远岫连。

——石伽集太白句题山水画

（一）

溪上来风雨，萧然落新警。以空无一尘，万竹扫清影。

（二）

此境似淡泊，此色若妩媚。莫因风雨狂，失却凌云气。

——癸未(1943)十月《万竿烟雨图》题成扇五言绝句二首

群峰相接连，断处秋云起。云起山更深，咫尺 看千里。

——丙戌（1946）九月题山水画

谿声晴亦雨，松影夏冬秋。别有砚南稿，桃源莫外求。

——乙未（1955）重九题山水画

金碧辉煌地，悠悠秋复春。红尘心事重，不羡倚阑人。

——丁酉（1957）夏六月题扇面

大雪洒天表，群峰没云端。杖履万竿雪，呵冻对巑岏。

——丁卯（1987）四月题雪景

竹本多情种，风枝时拂墙。萧疏映白屋，味向静中藏。
——戊辰（1988）十二月题风竹

苍崖千古青，霜痕天半湿。楼阁风烟里，石骨坚如铁。
——己巳（1989）秋题山水画

（一）
墨石状坚峭，横竹勾扶疏。光借天际霞，双清德不孤。
（二）
铁石能生色，冰霜逢晓妍。双钩毫上竹，自在白龙眠。
——庚午（1990）九秋《竹石双清图》题五言绝句二首

岩松发清籁，拈毫聊自赏。松外飞瀑声，浩浩众山响。
——庚午（1990）五月题山水画

大瀑泻苍筠，山洪震岩石。流云经多变，幻化何可测。
——辛未（1991）春日题山水画

丹青不知老，放笔复何求。千枝万竿雪，画白少年头。
——辛未（1991）六月雪竹

竹雨忽报晴，岚影满山谷。风篁迷濛处，云开出飞瀑。
——题雨竹

（一）
墨池散凉瀑，似闻空谷响。停笔不得下，心在高云上。
（二）
迷离山几重，山下松千树。松翠夹松花，花落不知处。
——丙子（1996）夏题山水五言绝句二首

山色本无色，江声非有声。难抛文字障，泼墨到深更。*
——己卯（1999）夏水墨长卷《江山秋净》图

* 头两句化实为虚，后两句化虚为实，虚实相融，中有妙境。

空林无一事，昼日看山坐。日落山云淡，忘山亦忘我。
——题山水

风定行云懒，林深流水忙。沿溪秋色好，红叶与幽篁。
——题山水

老树老不朽，妆点秋山谷。红叶报秋深，白云环飞瀑。
——题山水

排峰如奔涛，苍翠忽然断。瀑声下秋山，秋山白云满。

——题山水

日日写峰峦，山山何可数。今日画华山，山灵齐起舞。

——题山水

小坐深山麓，岩阿当山屋。坐得一日闲，和云栖山谷。

——题山水

天斧开山骨，万竹迎寒碧。画笔吐迷濛，云光白如雪。

——题山水

秋山泻急瀑，曲折翠微中。晚晴云更远，烟树带霜红。

——题山水

峰峦晚更好，余晖满翠微。松篁齐起舞，山也学云飞。*

——题山水

* 云向前飞，使人会产生山丘缓移的错觉。画家由此想象而有“山也学云飞”的妙句。

已穷笔墨趣，更臻山川美。何必换黄金，争得人憔悴。*

——题山水

* 申老生前曾谈到这首诗，说，这是陈祖范（上海文史馆馆员、书法家）接到香港商界人士信，嘱其与画家合作，将以重金相酬。陈写信邀申老合作，申老以此诗作答。陈即谢绝香港某君。此事此诗，亦可窥见石伽先生晚年淡泊名利的高风亮节。

螺黛记家山，念念心头苦。画里墨痕斜，都是回肠路。

——念故乡西湖写小品题之

同苦北风寒，同盼春色早。今日太龙楼，相逢成一笑。

——劫后太龙楼席次写风雪、梅竹赠唐云旌诗友*

* 唐云旌，笔名唐大郎，上海嘉定人，著名报人和作家，曾任上海《东方日报》、《光化日报》、《光复日报》总编辑。新中国成立后任《新民晚报》编委，艺林称之为“江南第一枝笔”。

风物梁谿好，梅开香雪林。江南春似海，不负爱花心。

——为无锡梅园主人写梅花*

* 梅园主人即中国近代爱国实业家、民族工业杰出代表荣德生（1875~1952），梅园即其怀着“为天下布芳馨”的宏愿，在无锡近太湖之滨所筑园林。

闭户避尘埃，静中自得乐。睡起画新篁，新篁依稀绿。

——题竹

静中听瑶琴，悠然写墨竹。竹叶太缤纷，只此几竿足。

——题竹

风急浪更急，浪急因风急。江上万马嘶，吹动千竿叶。

——题竹

双竹同声侣，相携舒怀抱。凛得北风寒，大地春光好。

——题双竹

日日耕紫砚，宵宵残墨泼。垂老无一成，何以传衣钵。

——赠华康*仁弟

*陈华康（1960~　），浙江海宁人，好金石书画篆刻，受叶潞渊指导，后进韩天衡门下深造，书法绘画师从申石伽，成果颇丰，并多获大奖，出版有《豫园印痕》等。

本是青青竹，云程霄汉遥。风欺和雪压，草莽树丰标。

——题雪竹

鸾凤傍泉石，相依空翠滴。昨夜来天风，吹起浮云白。

——泉石云竹

铁石能生色，晴霞起晚妍。双钩毫上竹，自在白龙眠。

——双钩竹石

高崖满芳兰，兰香香四溢。我欲摘琼英，离花三十尺。*

——题兰

*“离花三十尺”一句，接得既突兀又自然，是既欲摘又摘不到，益见兰之高洁。

幽兰欣入画，墨竹补琼枝。儿媳家常事，春风满砚池。

——题二迦蕴青夫妇合作兰竹*

*二迦、蕴青即申石伽的次子申二迦与妻子胡蕴青，两人均从“小留青馆书画社”开始随申石伽学习绘画。

闲居诗思悠悠，付与平桥野丘。莫道山深寂静，瀑泉千尺吟秋。

——庚午（1990）春题山水画

笔底梅花似雪，楼前飞雪如花。若问春光消息，今朝先到吾家。

——题大媳许莎青画梅*

*许莎青即申石伽长子申小伽之妻，早年在“小留青馆书画社”中随申石伽学习绘画。

莫道雕虫一技，声华艺海铮铮。今日霜刀在握，兰亭玉版同珍。

——甲戌（1994）中秋题家有木刻家

孤山岁岁遥相忆，画里梅花乍欲迷。今夜帷灯红照眼，胭脂乱点满林霏。

——辛未（1991）夏题红梅图

盘礴虬龙空谷松，拈将朱笔兴无穷。耆年小试穿云手，摘得红霞第几重。

——辛未（1991）夏题红松图

手写横斜一树梅，枝枝裹雪未全开。如何长记西湖笛，吹落孤山片月来。

——癸酉（1993）二月题梅缘图

流云掩瀑瀑连云，万绿秋林笔意新。只为半生心事苦，晚晴山色气纵横。

——丙子（1996）五月题山水画

大梦沉酣今九十，难抛梦里一丝情。无妨再梦三千六，亲见弥陀笑面迎。

——丙子（1996）八月《九十自寿诗》题成扇*

* 此成扇上是申老题赠恩德先生自寿诗，正面是顾炳鑫的长眉老人图。顾炳鑫（1923—2001），上海市人。擅长国画人物、仕女和狮虎猛兽，兼创作连环画和书籍插图。生前历任上海大学美术学院国画系主任、上海连环画研究会会长、中国美术家协会理事。

（一）

春到寒岩雪渐融，披图飒飒笔生风。恍疑湖上孤山道，人在林峦香雾中。

（二）

不思成佛与成仙，长日心参书画禅。梦入潇湘身化竹，清风两袖舞翩跹。

——1996年《叠翠横云》成扇七绝二首

（一）

兵燹余生感劫尘，武陵花掩避秦人。明知诳我桃源路，偏画渔郎去问津。

（二）

小院秋声报晓寒，当年长伴玉琅玕。画枝画叶都无法，雨雨风风泼墨看。

（三）

乍见湖山疑梦寐，转怜浮想太纷纭。安能长作西湖主，身化双峰顶上云。

——丙子（1996）十月题成扇七绝三首

（一）

旧树难寻旧日湾，新苗日日长人间。湖风吹乱垂杨树，一角葱茏北苑山。

（二）

荇飘点点满池塘，如此清幽似故乡。人立小桥分翠霭，树依画阁对斜阳。

（三）

三潭花气通人语，隔岸西泠引酒香。笔墨中年无是处，客边诗思太苍茫。

——丙子（1996）十月题成扇七绝三首

（一）
波光潋艳泛轻桡，玉宇无尘月正高。珍重人生行乐耳，百年能得几良宵。
（二）
藐姑仙子玉精神，翠袖翩跹自在身。粪土王侯朱紫贵，绿云一片画阳春。
——丙子（1996）十月题成扇七绝二首

（一）
天地无私留画稿，人间以貌取山形。可怜多少望山客，不领峰峦一片情。
（二）
画粉留痕百感侵，楼空人去画愔愔。湖波日日千条浪，雨雨风风直到今。
——丙子（1996）十月题《云涛涤翠》题成扇七绝二首

（一）
我愿十年磨一剑，早从水墨下功夫。先生借我将军胆，泼粉研金入画图。
（二）
人生百岁寻常事，五十韶华正少年。锦片前程花满岸，一程更比一程妍。
——丙子（1996）十月题《筠坞烟雨》题成扇七绝二首

绚斓中年随梦幻，老来点染渐糊涂。湖山岁岁春如海，摘得红梅入画图。
——丁丑（1997）初春题红梅图

崚嶒白石谁为伴，勾勒风篁舞态妍。老去书生无一得，甘心草莽让群贤。
——丁丑（1997）初春题双竹图

（一）
风前不羡凌霄艳，雨后还同翠柏青。垂老竹枝如密友，虚怀若谷骨峻嶒。
（二）
一斟一字思愔愔，春月秋花笑独吟。闲把造化收笔底，尺山寸水待知音。
（三）
无尽江山无尽松，安排意境兴匆匆。自怜九十穿云手，塑了千峰又万峰。
——戊寅（1998）秋题成扇七绝三首

屏山玉立自嵯峨，云暎群峰掩薄罗。莫道松凌山径静，人间无地不风波。
——己卯（1999）三月题水墨山水图

散笔芳兰点素心，香来腕底墨沾襟。花开花落寻常事，相伴清溪历古今。
——己卯（1999）三月题成扇兰花图

劲枝摇曳接天寒，腕底风篁纸上看。记得万竿湖上路，年年春雨长琅玕。
——2000 年题竹图

（一）

十年摧折满山春，回首风雷感劫尘。莫道残笺零落尽，今朝犹有惜花人。

（二）

云来不辨东西岭，树密难分远近�武。记得避兵筼筜谷，苍烟拥树不开门。

——题成扇七绝二首

（一）

睡余细味云山梦，万树斜阳下笔难。险处是云还是水，泼将残墨化烟岚。

（二）

苦炼金丹岁月梭，韶华似水墨消磨。岂知九十耆年笔，行草随心入画图。

——题成扇七绝二首

（一）

家山无地不葱茏，万树梅花香雪中。春暖春寒春又到，念西湖更念灵峰。

（二）

何处清波泛落花，仙山楼阁玉妃家。不知绝顶春多少，飘堕长天万缕霞。

——题成扇七绝二首

（一）

青红蓝赭黄朱紫，幻出风光烂漫秋。珍惜山河颜色好，年年林下自悠悠。

（二）

杨柳西湖正晚风，屐痕犹认画图中。我生多难长飘泊，负却桃花万树红。

——题成扇七绝二首

红叶如花碧草齐，晓云灿烂晚云低。应知祖国奇山水，第一峥嵘是粤西。

——桂林山水

生小湖山记夙因，卅年客梦感沉沦。今朝宝石山头路，白塔亭亭冷笑人。

——题西湖小景

为解苍生万古愁，狂涛怒吼碧天秋。嫦娥亦有风云感，不照清流照激流。

——江潮夜月图

乱叶连山竹笋香，当年兵燹太苍凉。难忘夜走风篁岭，露似珍珠月似霜。

——万竿夜月图

儿时每羡名山业，梦笔生花画境开。画里一楼书万卷，珠玑咳吐起风雷。

——万卷书楼图 *

* 万卷书楼是清末进士倪望重的书室。位于安徽祁门县诸口村，于 1884 年兴建。倪望重建此书楼的目的是为了勉励后代走“学而优则仕”的道路，广搜典籍。1949 年后倪后人将大部分藏书捐献给安徽省博物馆。

（一）

手写仙山深复深，知音何必在瑶琴。神仙自有神仙话，四十三年说到今。

（二）

精卫难填恨海波，仙山何处奏云和。玉楼莫唱人间曲，恼得嫦娥怨更多。

（三）

秋尽山空万壑流，淡云黄叶拥飞楼。仙宫只在云深处，更欲寻源到上头。

——仙山楼阁图

庐山五老峰前景，秋雾秋云色更妍。若问造化谁打稿，悠悠八千万年前。

——庐山五老峰图

（一）

风云际会一开颜，黄岳群峰下素缣。世路崎岖应记取，剪刀峰比剪刀尖。

（二）

奇山玉立自嵯峨，云想衣裳掩薄罗。莫道剪刀峰上好，长天大地尽风波。

——写黄山剪刀峰图七绝二首

（一）

朝看红日暮斜阳，且住繁花锦绣乡。记得前人诗一句，万人如海一身藏。

——小住外冈美校题山水小品*

* 外冈即上海嘉定区外冈镇，画家任教的上海工艺美专所在地。

（二）

霜鸡啼起五更霞，楼外云波带月斜。今夜天涯又独醒，教人艳说是无家。

——晓窗吐月移灯作画趣事也，下榻嘉定外冈美校晨起，写霜林晓月图题此。

白云青嶂气飞扬，松竹苍苍护草堂。近百寿翁书百寿，百千万寿颂无疆。

——题百寿堂图

闲烹新绿看沉浮，夜静帷灯水样柔。垂老薄才如病废，小窗寒梦稳于舟。

——静夜漫笔正茶熟香温写夜读图

君争子畏千秋笔，我愧东邨一日师。垂老欣看桃李艳，朝阳红上最高枝。

——题赠蔡天雄*画展

* 蔡天雄（1944~ ），江苏无锡人。1960—1966年在上海工艺美术学校学习，师从申石伽。现任上海工艺美校国画研究室主任、上海中国画院兼职画师。

丹青游戏合家欢，一枝画笔天涯独。壮哉吾家小画师，不写江南写塞北。

——题幼伽*《塞北风光图》

* 幼伽即申石伽的小儿子，擅长中国画。

朱松一树起云鸾，七十如公庆万端。历数巍峨新政迹，谁言名士不宜官。

——题朱松为胡铁老七十寿画

八十辉煌群祝寿，万里红霞开锦绣。与公同登耄耋年，再画朱篁庆百岁。

——题朱竹为胡铁老八十寿画 *

* 胡铁老即胡铁生 (1911—1997)，现代著名书法家。新中国成立后曾任上海市商业局局长和主管上海工艺美校的上海市第二轻工业局局长。

肺腑有时忘病灶，欢娱从不计灰期。层楼夜夜灯如昼，又杵丹砂画竹枝。

——朱竹在外冈美校写

云横素练山横黛，红叶秋添翠谷嫣。雨过岚光迷仄径，峰随径曲忽开天。

——题山水

晴晴雨雨幻长空，老树青黄春复冬。十二栏杆随处好，朱帘一半卷西风。

——题山水

千尺急流响深谷，盘盘老树自槎枒。双松得意齐飞舞，欲化虬龙上九华。

——题山水

楼外云山映夕晖，欹斜杨柳绿成围。西溪十月如三月，千亩芦花作絮飞。

——题山水

断桥春水树离离，小苑清荫花满池。记得湖楼拈画笔，远山云散雨晴时。

——题山水

秋树秋花秋不休，秋山秋水起秋愁。浪淘多少英雄去，依旧江天万古秋。

——题山水

隔水山高青隐日，临江古树绿藏云。闲翁自有闲翁福，更爱闲鸥闲作群。

——题山水

碧落三山映紫霞，桃花流水隐渔家。无端玉笛来何处，吹得闲云白似花。

——题山水

荆关遗法渺难寻，燕子含泥苦用心。九九丹垆谁悟得，霓裳一曲在知音。

——题山水

造化阴晴千百变，云云水水卷狂澜。天大树风烟里，山上奇观山下看。

——题山水

客中长忆倚阑处，楼外新篁取次分。何日重来游钓地，六桥三竺画秋云。

——题山水

云去云来万松青，青松白云同风格。云随风散松留青，青者自青白自白。

——题山水

天风洗出北山雨，诗梦重温湖上秋。手把破毫无着处，青山一发自悠悠。
——题山水

春雨春阴寒侵骨，纸上遥峰青突兀。摇摇山竹因风斜，戏把峨岩收咫尺。
——题山水

岚影波光云缥渺，两岸绿杨春窈窕。画图彷佛是江南，点染青山青不了。
——题山水

一重峻岭一重云，岭叠云调两不分。山上霁光山下雨，最宜小立看斜曛。
——题山水

几行诗画亦前缘，信笔迷离指上禅。人自糊涂松不老，山山水水付天然。
——题山水

年年笔底写西湖，淡抹浓妆入画图。十幅云山九泼墨，老来越画越糊涂。
——题山水

积叠虬松乱点苔，漫将诗意巧安排。满天烟雨风雷激，一线云光入画来。
——题山水

凌云弱管欲飞腾，写到瑶峰第几层。笔力争如风力大，敲窗残夜欲成冰。
——题山水

叮咚处处响流泉，树影山光翠接天。有客桥头吟即景，苍莽小立亦神仙。
——题山水

沿溪雨过水潺潺，一叶扁舟客梦酣。借得西湖千树柳，画图点染写江南。
——题山水

洪涛飞湍急奔雷，雪沫横江石壁摧。终古英雄浪淘尽，侧身天地有余哀。
——题山水

未必尘寰有此山，凌风天上见还难。从来幻想诸般法，只作人间游戏看。
——题山水

大痴陂接南田树，小米云开北苑山。海内几辈投古好，自磨丹砚掩柴关。
——题山水

老松矶畔历沧桑，冷雨骄阳岁月长。解得风云多变换，山盟海誓亦寻常。
——题山水

为染山云下笔轻，弯弯松谷寄幽情。人间万水千条浪，瀑布高寒韵最清。
——题山水

词

醉太平

诗心画心，寒侵韵侵。茅亭三友弦琴，奏鸾音凤音。　　花阴树阴，山深水深。隔谿啼过灵禽，也长吟短吟。

——辛未（1931）秋，岁寒三友图，四条屏青绿山水

沁园春

竹焉美者，爱竹者谁？曰君子欤。向佳山水处，筑宫一亩；好风烟里，种玉千株。朝引轻霏，夕延凉月，此外尘埃一点无。须知道，自乐无乐，吾乐吾庐。

竹之清也何如？应料得诗人清矣乎。况满庭秀色，对拈采笔；一窗凉雨，伴读残书。休说龙吟，莫言凤啸，且道高标谁胜渠。为君写，有云峰低亚，似渭川图。

——辛巳（1941）秋，题山水图

浪淘沙

此境太清幽，人月双修。万竿烟竹淡千秋。劫后情怀还更淡，懒著闲愁。

云拥小红楼，帘影悠悠。一枝凉烛为谁留？添个那人楼上笛，未免温柔。

——癸未（1943）十月，万竿烟月题成扇

临江仙

一念蜃楼千万劫，补天空扫灵娲。总怜幽恨换年华。相看无可说，去去听琵琶。

四十五年前一夕，不知我在谁家。春风吹梦到天涯。如今弹指里，开落几回花。

——庚寅（1950）上巳后三日，题扇面

齐天乐

晓岚吹掩屏山曲，苍松正随风度。闲里诗情，睡余书味，幻化遥青无数。砚边墨趣。却腕底难忘，旧时眉妩。便写云山，好山能有几回露？

箪瓢布衣垂老，春风催桃李，平生佳遇。心上甜酸，人间恩怨，换了白头杖履。寄怀何处？且朝朝暮暮，山山树树。学海茫茫，拈毫无可语。

——丙寅（1986）八月

减字木兰花*

花开花落，记取虞山旧池阁。花落花开，宰相儿孙尽隽才。　　名家画九，九九春回花锦绣。幅幅琼瑶，弱管如何可续貂？

* 此首词为申石伽题赠翁同龢之裔孙翁宗庆先生所集藏精品木兰花长卷所作。

清平乐

（一）

秋风秋雨，笔底凉如许。宛转鬟儿织翠缕，一片潇湘清趣。　　枝枝叶叶青

青，几分温李诗情。镇日小楼画竹，香温茶熟琴声。

（二）

枫黄水碧，墨戏娱今夕。画里峰高天咫尺，旧日攀登游迹。　　依稀柳外湖楼，楼前小泊扁舟。今日丹青诗料，惹人多少闲愁。

——题山水

醉太平

渺渺苍穹，谡谡苍松。遥遥冈岭成丛，写前游画中。　　青山几重，白云几重。翩然小立高踪，岂南阳卧龙。

——题山水

点绛唇

曲港晴波，波翻柳影微风起。江芦无几，一半萦流水。　　竹筏弯弯，带得诗情去。情如许，淡烟如絮，秋在遥青里。

——题山水

浣溪沙

娇杏倚墙柳倚门，柳边曲径燕寻人，最难入画是残春。　　翠翠红红新格调，山山水水旧诗痕，无多几笔又黄昏。

——题山水

鹊踏枝

低亚春山斜照外，万缕垂杨，此景颇潇洒。写入画图聊自爱，研脂泼翠昵人态。

我问杨花花不怨，甘作浮萍，萍又随流水。水自东流汗漫行，笑人多事青衫泪。

——题山水

卜算子

点染绿荫秾，位置茅堂巧。松外亭空天更空，天阔孤亭小。　　藓壁绝攀登，可有幽人到。崖后迷濛多少峰，峰际流云绕。

——题山水

《木兰花慢》上阕

讶崖高峰断，空绝处，露芳妍。秋云绵渺，秋林争艳，秋满峦巅。彩笔妆点树杪，画山光衬出锦屏天。泼绿浅匀乱点，螺峰含笑鬟编。

——题山水

八声甘州

写丹崖翠嶂景连绵，别有画中天。正秋空云净，斜阳一抹，欲下峰巅。楼阁玲珑不断，小住胜神仙。望落霞孤鹜，飞破苍烟。　　三两乔松树底，有水流云淡，波转珠圆。更飞涛风卷，汩汩洒晶帘。叹冲寒南乌北雁，问因何，欲去又回旋？拈毫想，飘零身世，似我当年。

——题山水

菩萨蛮

大峰泼墨群峰小，九溪急湍山腰绕。春雨杏花嫣，湖波荡晓烟。　　弯环杨柳路，零落前朝树。一塔起氤氲，离天第几程？

——题西湖南山小景

柳梢青

一片芦花，乱鸦声里，几叶江船。红树偎秋，白蘋摇暝，晚渡风尖。　　垂杨笔调思遍。难画出、平波暮烟。云出无心，鸟归何处？荡荡江天。

——秋江晚眺图

行香子

山影摇舟，花影当楼。纹窗外、眉月如钩。无端画兴，蓦地情兜。在砚边，在笔底，在心头。　　世事浮沤，烽火无休。尽宵宵、归梦杭州。甘心沦泊，无奈勾留。是身忧，是国难，是家愁。

——庚辰题西泠归梦图山水卷

临江仙

记不分明湖上路，那时人住西泠。大堤杨柳掩重门。绿波浓似酒，花气欲倾城。
七十流光今渐老，天涯芳草青青。问春究竟为谁春？乡思肠九曲，化作一湖云。

——七十生辰题西湖山水小卷

临江仙

生长西湖图画里，眉山曲曲银屏。小家文字出蓬门。夕阳红到晚，皓月起江城。
写竹填词无一可，多情人海垂青。明年七十一回春。薄才逢盛世，弱管愧凌云。

——题月夜风竹图

蝶恋花

万叶千枝低翠袖。雨雨风风，三载相思泪。一自鸳窗惊玉碎，萧萧怕听黄昏后。
莫道心情如病酒。欢么今生，谁料今生骤。秋竹离离春竹瘦，影儿个个浑非旧。

——风竹为友人写

南乡子

楼外雪如银，呵冻拈毫墨亦冰。才写疏枝三两笔，听听。吹过西风带雪声。
点染到深更，明日春光满画屏。不怕梅花红澈骨，轻轻。漫抹胭脂又一层。

——题红梅

早春怨

为花写照，当年邓老，占尽春光。白白黄黄，疏疏点点，妙笔飞扬。

诗心搅乱回肠，似杜鹃、开落飘香。百岁光阴，丹青事业，几度斜阳。

——题邓怀农*老人杜鹃花画册

*邓怀农（1894~1986），江苏如皋人，寓居上海。擅长山水花鸟画，意在徐渭、陈淳之间。生前为上海中国画院画师。

念奴娇

大齐帝业，叹江山、百战残唐胆破。卷起农民千万载，叱咤风云何补。鹿走中原，骓嘶江上，一样归何处。千秋功罪，不如尺幅千古。　传神此日丹青，无双妙笔，应让江南顾。吴带当风舒墨淡，此艺画坛可数。寄语王生，一笺珍袭，世世香云护。英雄安在，纸上魂犹虎虎。

——题顾炳鑫同道兄绘黄巢像

如此江山

上方古木秋宵静，中天蟾光如镜。树隐遥山，月筛丛桂，酒面被风吹醒。望殿角参差，佛灯红映。破我尘心，夜来清磬出峰顶。　灯下草修僧谱，逞香温茶熟，写幅暗香疏影。画朋诗侣，讶共榻僧寮。人间词境。莫梦游仙，怕青鸾背冷。

——甲戌秋应西湖净慈寺修寺志午夜与吕梦蕉唐云王小摩合写梅花巨幅填此以题*

*吕梦蕉、唐云、王小摩三人，均是申石伽早年居住在杭州时的书画挚友，经常一起切磋画艺，并一起参加“杭州西泠书画社”的活动。

散 句

雪岭界天白，高山拥县青。

——辛巳（1941）秋

层峰春锦绣，新竹沐东风。

——戊辰（1988）上巳

红霞起天半，瑞雪吐春光。

——丁丑（1997）初春

朱篁庆多福，万象迎更新。

——丁丑（1997）新春

秋声明月夜，风露湿云裳。

——题山水

湿云凝宿雨，急瀑泻前山。

——题山水

仄峰寻鸟道，磊石断云腰。

——题山水

雪开千里冻，云转满天霞。

——题山水

山云开锦绣，幽谷出乔松。

——题山水

碧嶂削寒玉，流泉下急滩。

——题山水

山势迷云路，流泉送涧声。

——题山水

细柳迷江路，芦寒雪满天。

——雪景山水

浓淡烟和雨，低昂凤引雏。

——题竹

朝霞迎瑞雪，劲竹舞春风。

——题雪竹

清晖笼夜月，风雾洒长天。

——题月竹

悬崖标独操，绝壁伴孤芳。

——题兰竹

琴音起节奏，万马忽奔腾。

——题风竹

天风舞赤凤，琼树散丹霞。

——题朱竹

学得双钩笔，丹青无奈何。

——双勾竹

细草孤云斜日，小园曲径疏离。

——己卯（1939）秋七月

云自无心出岫，松以静而延年。

——题山水

红叶经霜寒古渡，塔铃无语咽斜阳。*

* 此幅山水是1930年申石伽赠送给陈小蝶（即陈定山）八开册页中的一幅。

千松大嶂连峰碧，一岭纡回出万寻。

——壬戌（1982）秋

云深云浅高低树，烟淡烟浓远近山。

——庚午（1990）春

乱山烟雨风雷激，曲折清波过峡来。

——庚午（1990）三月

云深飞鸟疑无路，树古寒柯别有神。

——辛未（1991）春日

五福梅花开大地，黄金点染喜迎春。

——辛未（1991）二月

花开五福多禅静，春色长留淡泊中。

——辛未（1991）五月

放笔一竿霄汉去，画与云峰试比高。

——辛未（1991）夏

崖谷急流千丈落，瀑声竹雨散清音。

——辛未（1991）长夏

多情莫笑痴儿女，垂老苍松爱月圆。*

——壬申（1992）秋夕

* 上世纪 90 年代某天，我去申老家拜访，见墙上挂着四幅松树题材的作品，其中一幅画面是松树与月亮，题画七言句是："多情莫笑痴儿女，垂老苍松爱月圆。"我深觉颇有意境，脱口向申老求此四幅画。申老说："可以给您，但您说一说原因。"我说："松树和月亮绝大多数画家总题上一句'明月松间照'，而您申老却不同。"申老说："'明月松间照'千古绝唱，但画家与诗人各有情怀，要结合得好。我题此二句的意思是：做父母的不要轻易责怪自己子女的情感交往，儿女们有自己的理想和追求，我们夫妻已有七十年日夜相伴，松树喜伴月亮，苍松更爱月圆，年轻人追求情感理想，老年人能白发到老，这就是'苍松爱月圆'。所以我在画上题此首七言句。"申老用拟人手法作画题诗，解析人生，别有情趣，富有哲理。

春风春雪春光好，画笔乔松乐大年。

——癸酉（1993）正月

家住仙山忘岁月，苍松垂老沐甘霖。

——癸酉（1993）春二月

柳色烟迷千点绿，春风乍转万重云。

——癸酉（1993）四月

盘曲虬松千岁寿，黄金山岳万重云。

——乙亥（1995）二月

幻化世情心上过，叱咤风云腕底来。

——乙亥（1995）春

寒山霜叶红于锦，梅谷幽香春欲来。

——乙亥（1995）初夏

岚气伴松松愈翠，云海盘山山更深。

——乙亥（1995）五月

山自迷濛云澹澹，泼将墨端化烟岚。

——乙亥（1995）冬

万树金辉秋灿烂，漫山云采气峥嵘。

——丙子（1996）四月

乍雨乍晴杨柳岸，忽吹忽聚是春云。

——丙子（1996）四月

万里晴光迎晓日，重涛叠浪拍长天。

——丙子（1996）四月

叠嶂晴开千丈瀑，流云乍转万山青。

——丙子（1996）五月

锦绣风光画不尽，白云乍转万山青。

——丙子（1996）八月

不负春光多灿烂，千枝万叶上青云。

——丙子（1996）秋

迎来旧日青衫客，换得朱衣庆岁朝。

——丁丑（1997）元旦

闲居戏写三竿竹，忽化蓝天金凤凰。

——丁丑（1997）花朝

春风吹绿潇湘竹，绝妙鸾飞凤舞时。

——丁丑（1997）四月

金碧晴开云浩荡，耆龄盛世乐丹碧。

——戊寅（1998）元日

锦绣风光画不尽，春云乍转万山青。

——戊寅（1998）五月

漫天急雨银河泻，竹报平安答上苍。

——戊寅（1998）七月

苍松雅伴梅花竹，水秀山明度岁寒。

——己卯（1999）二月

擬子久秋山大意（1930 年作）册页

红叶经霜（1930年作）册页

谿山雪霁（1930 年作）册页

岁寒三友（1931 年作）四通屏

幽壑山居（1931 年作）

丹崖雲影图（1931 年作）

（1934 年作）

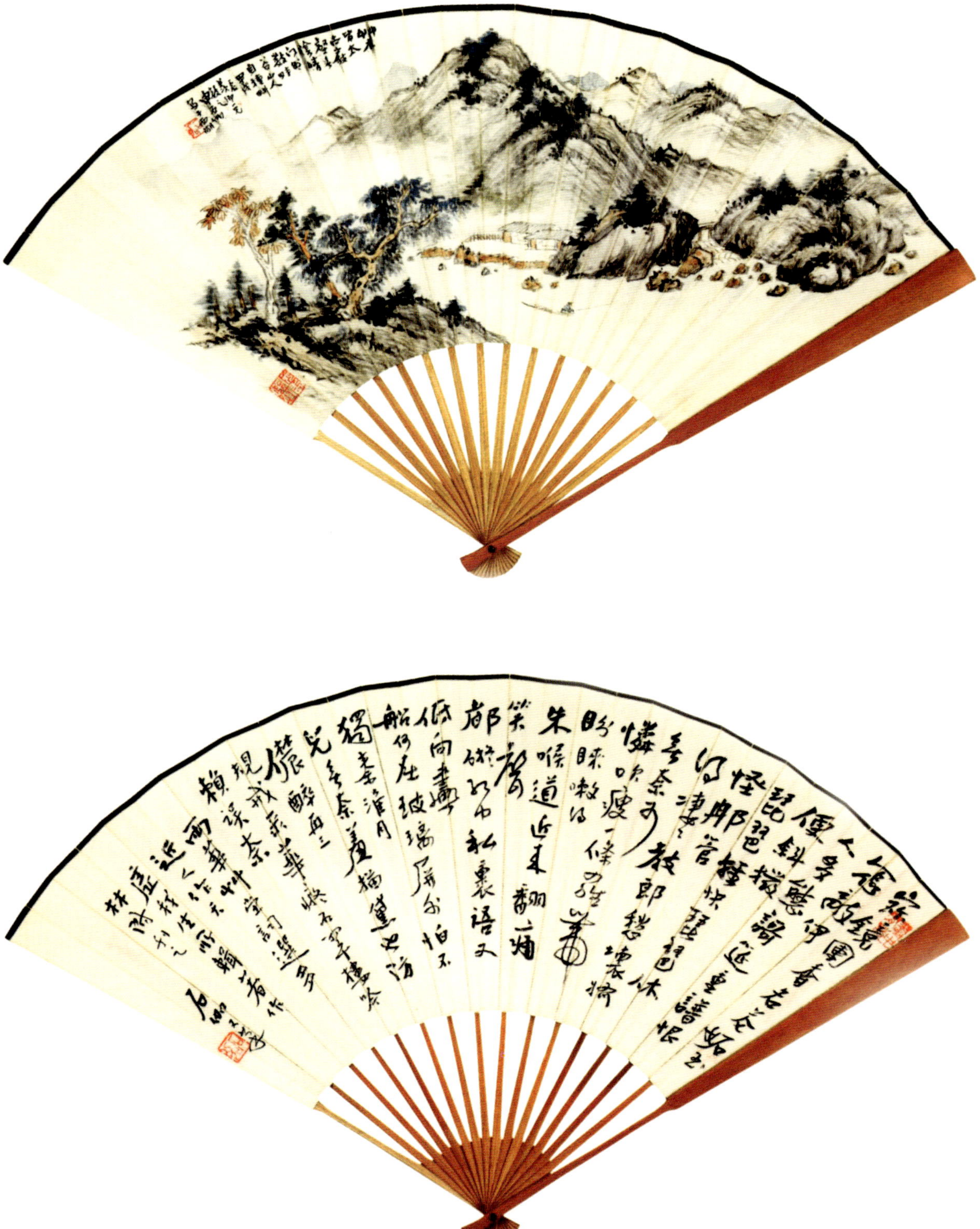

岩壑无阴晴（1934 年作）

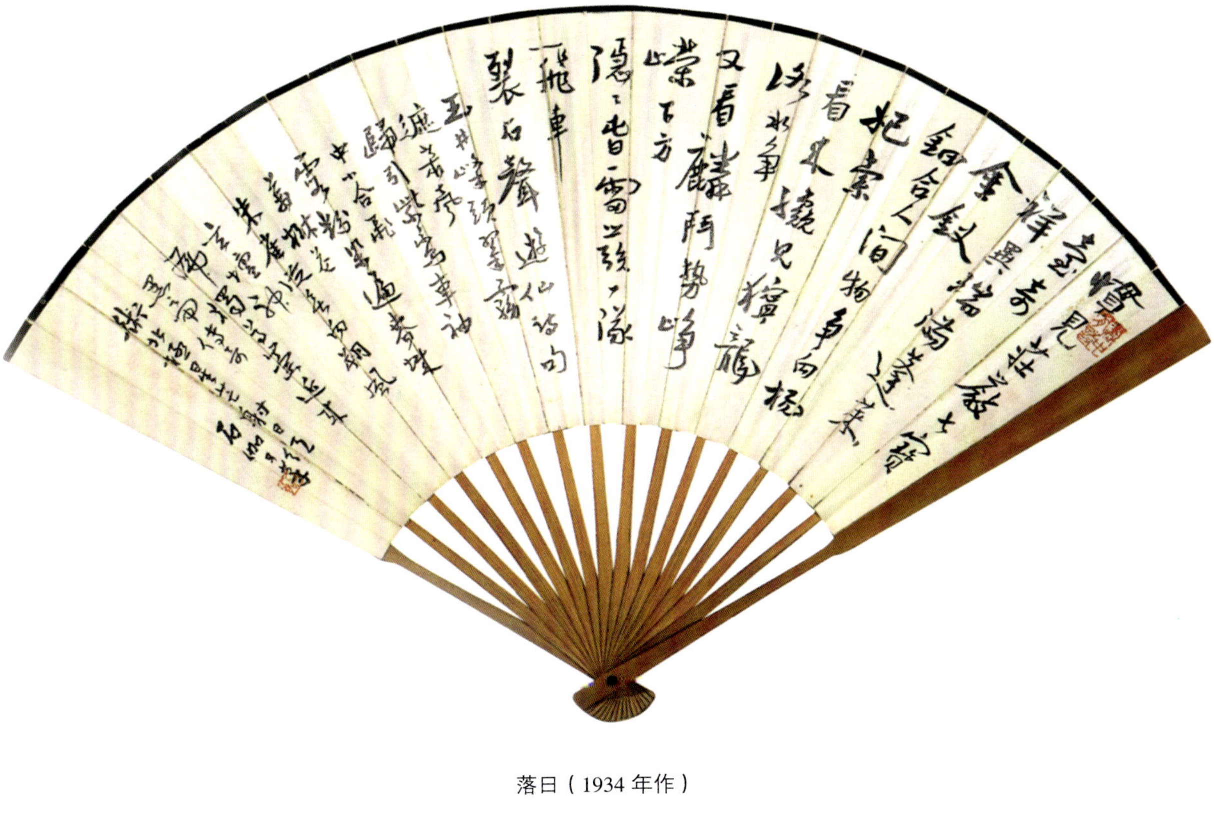

落日（1934 年作）

江花江草映江楼（1934年作）

千花昼如锦

春峦幕雾（1935年作）

秋江红树（1937 年作）

山居图（1939 年作）

万柳藏春（1939 年作）

岁朝清供（1946 年作）

采芝图（上为扇面画，下为背面题诗）（1954 年作）

浮云空翠（1955 年作）镜片一

雨后山翠（1955 年作）镜片二

天外归云（1955 年作）镜片三

谿声松影（1955 年作）镜片四

华岳朝晖

风竹图（1988 年作）

（1988 年作）

崖角报春（1989 年作）

叠嶂晴云（1989年作）

岩松（1990 年作）

西湖梦痕图（1989年作）长卷

云深飞鸟（1991 年作）

春云乍展（1993 年作）

盘曲虬松（1995 年作）

1954年

应江南名园浙江海宁安澜园园主后人陈廷骧之邀，创作安澜园十六景致图，得以重现当年乾隆大为赞赏的安澜昔日的辉煌。

1955年

画家在上海创作了四幅山水精品，并题五绝一首、七绝二首、古风一首，此四幅山水画景色秀丽，诗意淡泊，深遂高远，古意盎然。

1956年

10月，傅抱石、叶浅予专程从北京到上海来看望画家，用专车从江阴路将申石伽接到上海大厦。傅抱石当晚款待申石伽，畅谈有关艺术问题，两人有相见恨晚之感。

1960年

受上海手工业局局长胡铁生之邀参与筹建上海工艺美术学校，以后就一直在该校执教。

1966年

画家所作诗词，自弱冠到1966年积有四十余年诗稿，在“文革”中毁于“四凶”之手。另有画家花数十年精力所编巨作《历代诗词韵语选》一书，约有一百三十余万言，十六大册，选录自汉魏六朝直至唐宋元明清及现代各家诗词，有长题、有断句，分成六十大类，凡山水、花鸟等画种，均可按着分类找觅题句，书稿不幸在“文革”中被焚。

1973年

得知周恩来总理陪同法国总统蓬皮杜到上海访问，画家精心绘制巨幅金碧山水《旭日东升图》，送至锦江饭店宴会厅，得到中外贵宾赞赏。

1976年

十年动乱结束，画家在一次书画联谊会上赋诗：“八亿神州八亿力，百花齐放百家鸣，千红万紫迎春笔，浩荡人间步伐声。”道出他心中一片丹心的赤诚情怀。

1979年

上海人民美术出版社出版画家旧稿《山

1981年申石伽（前排右一）与叶浅予（前排左二）、张乐平（前排左三）、达伟（前排左一）、魏绍昌（后排左二）、张楚良（后排右二）、叶冈（后排右三）、刘旦宅（后排左三）合影

水画基础技法》，风行海内外。累计印数达三十余万册。并有英译本行销海外。

1981 年

画家与陈从周、叶浅予、童友虞四校友为老师胡也衲在永康家乡树立墓碑，以追念恩师教诲之情。

1982 年

9 月 13 日，时任全国人大常委会副委员长周谷城致信画家，称《山水画基础技法》极好学习，并称他爱人也照此教材学习，如日后有成效，定感谢画家。

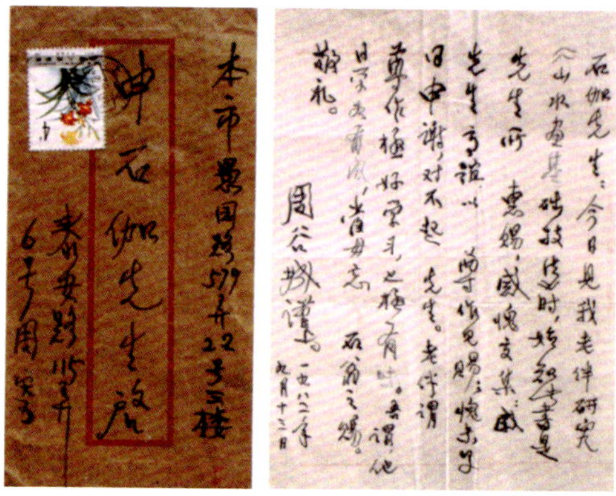

周谷城致申石伽的信

1983 年

画家与众弟子在上海朵云轩联合举办“石门艺苑画展”，大获成功，沪上许多媒体纷纷报道画展盛况。

1984 年

从愚园路“六步楼”移居兴国路 244 弄 49 支弄 4 号 3 楼，直至去世。

上海兴国路旧居

1985 年

被浙江省文史研究馆聘请为名誉馆员。

所著《墨竹析览》一书，由上海书画出版社发行，成为当时美术教育界一大盛事。

1986 年

8 月画家作水墨山水画一幅并题《齐天乐》词一首。

同年，收到上海名书画家钱君匋先生赠与申石伽已故女儿申小畹所作《秋菊图》，喜泪沾襟，在画上题七绝诗一首，从此不再画菊花，以悼念其女儿。

1987 年

由时任上海市市长江泽民批准，聘请画家为上海市文史研究馆馆员。

举办画展义卖，所得画额四万元，于上海工艺美术学校内设立“石伽奖学金”，激励学生努力学习。

从 1987 年后画家足不出户，谢绝邀请。闭门吟诗绘画，颐养天年。

1991 年

精心创作一批画作，义卖所得又一次给“石伽奖学金”增资。

内部编集的《西泠石伽题画诗词》刊行。

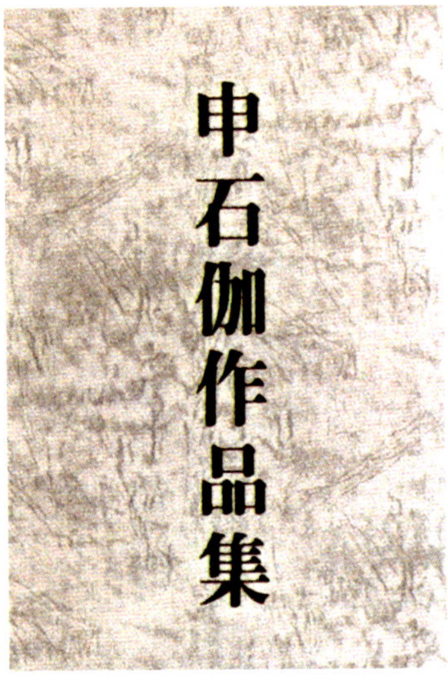

台湾版《申石伽作品集》

1992 年

1 月，台湾皇冠艺文中心举行“申石伽‘70—90’精品展”，同时刊行《申石伽作品集》精装画册，在台湾出版。

1993 年

以 88 岁高龄三画早年代表作“十万图”，历时半年。

为天津古籍出版社出版的郑逸梅作品集《艺海一勺》封面题字。

1994 年

上海电视台在“诗与画”节目中分三集介绍画家近七十年的诗画生涯。

1995 年

为天津古籍出版社出版的郑逸梅作品集《艺海一勺续编》封面题字。

1996 年

上海电视台“上海滩·名人写真”栏目介绍画家艺术及家庭生活，在上海轰动一时。当年给郑恩德写信，告知有关画家生活方面资料。

画家为由孙道临编剧、上海越剧院王文娟主演的十集电视连续剧片名“孟丽君”题字。

1997 年

为郑恩德新居题斋名“伴石居”，并称“西泠一石心相契，喜订忘年书画缘”，以示友情。

1999 年

隆重举办《二十世纪书画作品集》征集，这次“世纪收藏”的活动，中国历史博物馆收藏画家代表作《墨竹》一幅，并入选《二十世纪书画作品集》并给予证书。

同年作水墨山水画长卷一幅，并题五言绝句，极为精湛。

水墨山水画长卷

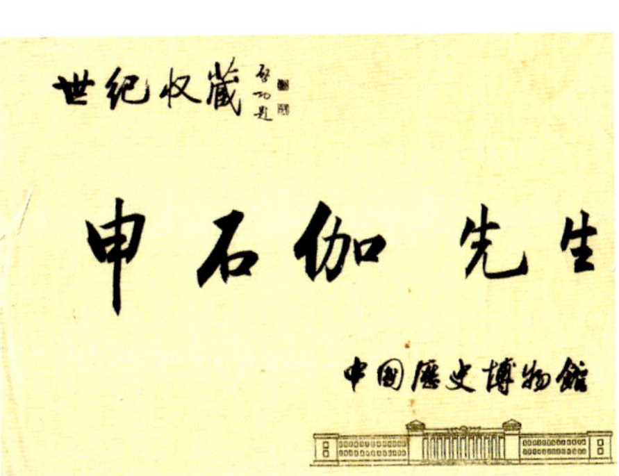

中国历史博物馆给申老发出的邀请书

2000 年

为居士于玉美供佛坛上方题“佛光普照”四个大字。之前曾在佛坛两旁题句，右为“福临平安地，春到积善永”，左为“书画能益寿，金石可益年”。

2001 年

由启功先生题签、郑恩德集藏的《西泠石伽书画集》，由上海人民美术出版社出版。

6 月 30 日，病逝于上海，享年 96 岁。

同年 7 月，画家妻子夏畹君病逝，享年 98 岁。申石伽与夏畹君和睦相处、患难共度 77 个春秋，恩爱生活令人敬仰。

后由上海辞书出版社出版了《西泠石伽题画诗词集》一书。

由上海人民美术出版社出版的《西泠石伽书画集》

由上海辞书出版社出版的《西泠石伽书题画诗词集》

后记

今年3月6日，是申石伽先生诞辰105周年，6月30日是其逝世10周年纪念日。现有中国出版集团东方出版中心，为此出版《世纪丹青——申石伽》一书，我非常欣慰！我从内心深处觉得申石伽先生是一位值得尊敬的世纪老人。我认为申石伽首先是位诗人，还是以诗人身份从事绘画艺术的美术教育家。他崇高的艺术思想境界和人生哲理不同凡响。他的诗清逸秀奇、情趣盎然；他的画技法娴熟、独标风骨，诗魂画格，相得益彰。申石伽14岁向俞陛云先生学诗词，俞陛云是前清朝进士，以一甲三名赐探花及第，授编修。他的祖父俞曲园是词学大家。俞陛云的儿子俞平伯是红楼梦研究专家。申石伽在“俞楼”门下学习诗词，从此打下了良好的诗词基础。申石伽向王潜楼学习绘画，王潜楼是清朝慈禧太后宫内的御用画家，也是专为慈禧太后代笔的花卉山水画家，传统绘画技艺极高。

申石伽年少开始就接受这二位名师教授，诗画技艺大增。19岁在王潜楼老师指导下，在杭州成立“西泠书画社”，从此后申石伽的笔名为“西泠石伽”。他的绘画佳作上，必题妙诗，80年来，都是如此。

申老80岁后不参加社交活动，沉吟古诗，倾心丹青。我是他家常客，蒙允拜见，观赏图画，聆听教诲，受益匪浅；品读诗词，仰慕人格，我由然起敬。暗下决心，要为他做些事情。1999年6月我去北京请启功为出版《西泠石伽书画集》题词。申老很高兴，同意我的想法。2001年3月申老见到样书，不幸6月30日谢世，当时我很伤心。9月1日我在上海为他举办“西泠石伽书画展”由上海文史研究馆主办，上海市各位领导都出席画展。后来我又联系到申石伽年轻时在杭州‘俞楼’的同门师妹黄定慧。1931年黄定慧女士向俞陛云学诗词，向申石伽学绘画，当时还有二方印章，刻着“俞门弟子”。所以黄定慧得知申石伽谢世，我想在杭州申老家乡办一次画展。经多方联系，最后由浙江省文化厅、浙江省文史馆主办，在浙江省博物馆举办“申石伽书画展”，这是2002年3月6日，这天是申石伽诞生96周年。画展开了6天，盛况空前，我很高兴。2008年，我将申石伽在绘画上作的诗词汇编一本《西泠石伽题画诗词集》，并在上海文史研究馆举办“西泠石伽书画展”及“西泠石伽题画诗词集”首发。今年由中国出版集团东方出版中心为申老出版《世纪丹青——申石伽》一书，我真是感慨万分。我要感谢龚心瀚老师、祝君波老师为此书作序，还要感谢此书责任编辑余佐赞先生、于欣女士。没有东方出版中心大力支持，要做好此事是不可能的。同时也要感谢我的好友许志浩先生、张德宁先生、安东先生、薛军先生，以及上海炎黄画院院长徐纯中教授大力支持。最后要感谢众多帮助过我的好友。愿此书出版能对申石伽先生是一个真诚的纪念。

伴石居主人 郑恩德
2011年元月

申老夫妇与郑恩德夫妇摄于2000年

图书在版编目（CIP）数据

世纪丹青申石伽 / 许志浩，郑恩德主编. —上海：东方出版中心，2011.10
ISBN 978-7-5473-0356-6

Ⅰ.①世… Ⅱ.①许…②郑… Ⅲ.①申石伽（1906~2001）—纪念文集 ②诗词—作品集—中国—当代③中国画—作品集—中国—现代 Ⅳ.①K825.72-53②I227③J222.7

中国版本图书馆 CIP 数据核字(2011)第 114345 号

封面题签：龚心瀚
责任编辑：于 欣
封面设计：一步设计

世纪丹青申石伽

出版发行：东方出版中心
地　　址：上海市仙霞路 345 号
电　　话：62417400
邮政编码：200336
经　　销：全国新华书店
印　　刷：上海书刊印刷有限公司
开　　本：889×1194 毫米 1/16
印　　张：11.125
版　　次：2011 年 10 月第 1 版 第 1 次印刷
ISBN 978-7-5473-0356-6
定　　价：180.00 元